# IMPERIO FREELANCE

Laura López Fernández

# IMPERIO FREELANCE

Manual práctico para diseñadores y creativos que quieren elegir a sus clientes y cobrar lo que se merecen.

©2017, Laura López Fernández

lauralofer.com

Reservados todos los derechos. No se permite la reproducción total o parcial de esta obra, ni su incorporación a un sistema informático, ni su transmisión en cualquier forma o por cualquier medio (electrónico, mecánico, fotocopia, grabación u otros) sin autorización previa y por escrito de los titulares del copyright. La infracción de dichos derechos puede constituir un delito contra la propiedad intelectual.

ISBN: 9781521855706

**Diseño de cubiertas**
Laura López
lauralofer.com

**Revisión editorial:**
Ana Sainz
bookishstudios.com

**Fotografía de la portada**
Marta Fresnillo
masquemomentos.es

**Maquetación interna:**
triunfacontulibro.com

**Primera edición**

# DESCARGA TU PLAN DE ACCIÓN GRATUITO

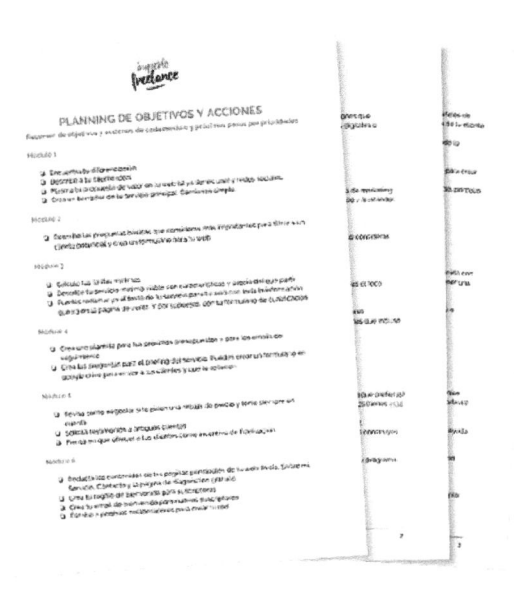

## LEE ESTO PRIMERO

Para agradecerte que hayas adquirido mi libro, me gustaría darte un plan de acción 100 % GRATIS para que puedas implementar todo lo que te voy a contar en las próximas hojas a tu propio negocio.

Accede a la descarga gratuita desde aquí:

www.imperiofreelance.com/plan-gratis

A mi mentor Franck, por ayudarme a conseguir mis objetivos y por escribir el prólogo.

A mis padres, que siempre me apoyan en mis decisiones.

A mis hermanas, que me aguantan a diario.

*El primer paso no te lleva donde quieres ir,*
*pero te saca de donde estás.*

*- Anónimo*

# ÍNDICE

**PRÓLOGO DE FRANCK SCIPION**..................................................15

**CASO DE ÉXITO: Elena Altuna**.....................................................20

**CAPÍTULO 1: POR QUÉ LOS CLIENTES NO VALORAN TU TRABAJO**..................................................................................23
    Mi historia y contexto del libro.......................................................25
    ¿Este libro es para mí?...................................................................33
    Qué te espera en este libro............................................................35

**CASO DE ÉXITO: Kristina Pacesaite**............................................44
    Por qué deberías buscar tus propios clientes
    y dejar de trabajar con intermediarios...........................................46
    Mi manifiesto para tener un negocio freelance minimalista............52
    Los seis culpables por lo que los clientes
    no te valoran como freelance........................................................58

**CASO DE ÉXITO: Eva Bernabé**.....................................................65

**CAPÍTULO 2: POSICIONAMIENTO EN EL MERCADO**..........67
    Freelance generalista vs. especializado..........................................69
    Cinco barreras mentales que te impiden especializarte..................73
    Cómo encontrar tus puntos fuertes y elegir tu especialización.......80
        Tres formas de especializarse....................................................81
    Cómo definir el colectivo o nicho al que ayudar
    con tus servicios...........................................................................85
        Qué es un nicho de mercado....................................................86
        Cómo generar ideas para decidir a quién ayudar.......................89
        Cómo prevalidar el nicho..........................................................91
    Cómo definir a tu cliente ideal......................................................94
        Requisitos para elegir y definir a tu cliente ideal.........................97
    Cómo crear una propuesta de valor que te diferencie..................101
        Cómo redactar tu propuesta de valor única.............................102
        Ejemplo de fórmulas..............................................................105

    Marca personal.........................................................................106

**CASO DE ÉXITO: Marta Bernal**
**Alumna del Programa Formativo Imperio Freelance** ...................113

**CAPÍTULO 3: Aprende a cualificar a tus clientes y supera**
**con éxito la primera reunión**............................................................115
    Cuál es el ABC de la gestión de clientes...............................117
    Cómo cualificar a nuevos clientes.........................................120
    Qué preguntar en la primera reunión...................................129
        Consejos y recomendaciones para la primera reunión.............131
        Cómo identificar el problema de fondo del cliente.................133
        Cómo encontrar una solución y definir un mapa de ruta.......134
    Aprende a rechazar clientes no te convienen........................134
        Qué tipo de clientes o proyectos deberías evitar....................138

**CASO DE ÉXITO: Eloy Ortega**...........................................................143

**CAPÍTULO 4: SERVICIOS Y PRECIOS**...........................................145
    Cómo afectan los precios a la percepción del
    valor del servicio..................................................................147
        La psicología del precio........................................................147
        Por qué no deberías trabajar low cost....................................149
        Cómo quitar el miedo a cobrar precios elevados..................150
    Cómo calcular tus tarifas......................................................151
        Cuáles son los métodos para fijar tus precios........................151
        Cómo calcular tu precio/hora...............................................154
        Por qué deberías basar tus precios en el valor entregado......155
    Cuánto cobrar por tus servicios............................................155
        Cuáles son los tipos de cobros habituales
        en el mundo freelance..........................................................155
        Cómo definir el precio por proyecto a medida......................162
    Cómo crear servicios productizados para vender online.............166
        Cómo adaptar tu oferta
        offline para que funcione mejor online................................166
        Cómo crear paquetes de precios...........................................168
        Mostrar o no mostrar los precios en mi web........................170

 Cómo presupuestar un proyecto..................................................176
  Cuál es la anatomía de un buen presupuesto........................176
  Por qué hacer un presupuesto con tres opciones de precios....182
  Cuáles son las cláusulas más importantes.............................187
  Por qué es importante hacer seguimiento
  de cada presupuesto..............................................................190
 Por qué es necesario el contrato en un proyecto
 y qué debe incluir....................................................................192
  Los beneficios de firmar un contrato previo..........................192
  Qué debemos incluir en el contrato......................................193
  Cómo y cuándo entregar el contrato.....................................195
 Qué es un briefing y por qué lo necesitas en
 cualquier proyecto...................................................................195
  Cómo hacer un buen briefing creativo..................................196
  Cómo automatizar el proceso de creación del briefing...........198

**CASO DE ÉXITO: Victoria Lloret..............................................200**

**CAPÍTULO 5: VENTA Y NEGOCIACIÓN..................................203**

 Cuáles son las fases de la venta..................................................205
  De la venta tradicional a la venta online................................205
  Guión paso a paso del modelo de marketing AIDA...............208
 Cómo automatizar el proceso de venta en tu web......................212
 Cómo negociar después de enviar un presupuesto.....................215
  Cómo quitar el miedo a negociar..........................................215
  Cómo resolver objeciones del cliente....................................218
  Qué hacer cuando el cliente quiere bajar el precio.................220
  Resumen en una negociación................................................225
  Cómo cerrar el trato..............................................................226
 Cómo fidelizar a tu cliente después de haber
 terminado su proyecto..............................................................227
  Qué puedes ofrecerle a tu cliente para fidelizarlo...................227
 Cómo pedir un testimonio a tu cliente.....................................230
 Cómo hacer que un cliente te vuelva a contratar......................231

**CASO DE ÉXITO: Jean Saldaña................................................233**

**CAPÍTULO 6: ESTRATEGIAS DE MARKETING..................235**

Cómo captar clientes a través de tu web......................................237

    Cómo captar suscriptores para nuestra lista de correo.........241

    Cómo hacer tu lead magnet...............................................242

    Dónde mostrar el lead magnet...........................................245

    Cómo dar visibilidad a tu web gratis..................................246

Cómo encontrar clientes en tu entorno cercano........................248

    Cómo contactar con clientes antiguos...............................249

Cómo hacer networking...........................................................250

    Cómo crear una red de colaboradores...............................252

Cuándo deberías contratar a un equipo....................................257

    Otras fórmulas para colaborar con otros profesionales
    y mejorar así tus servicios productizados...........................257

Marketplaces freelance y otras opciones
de captación de clientes...........................................................260

    Por qué no deberías participar en
    plataformas de concursos?................................................262

¿Deberías trabajar gratis?.........................................................264

**CAPÍTULO 7: Hay vida más allá del freelancing..................267**

Qué hacer para no depender únicamente de
diseñar para clientes................................................................269

    Por qué y cómo ofrecer un servicio premium
    de consultoría/mentoring..................................................270

    Cómo crear un servicio paquetizado de auditoría...............272

    Cómo empezar a ofrecer formación y charlas....................273

Cómo tener ingresos pasivos que no
dependan de tu presencia........................................................275

    Qué son los ingresos pasivos.............................................275

    Qué es el marketing de afiliación.......................................276

    Cómo puedes ganar dinero extra vendiendo
    productos e infoproductos................................................279

**CASO DE ÉXITO: Roberto Garrido**...............................................285

**CAPÍTULO 8: AHORA TE TOCA PASAR A LA ACCIÓN**..........289

Es tu turno para convertirte en un
diseñador freelantástico..........................................................291

# Prólogo de Franck Scipion

«Te llamaremos, Franck.» Cuántas veces habré oído esta frase en mi vida…

Ni te lo puedes imaginar.

Al principio me lo creía. Salía contento de estas reuniones con estos clientes potenciales. A la espera de recibir estas llamadas, como un niño obediente en el cole.

Al fin y al cabo, vender a puerta fría visitando a clientes es un juego de números. Cuantos más posibles clientes visitas, más proyectos terminarás cerrando.

Sí, pero…no.

Descubrí rápidamente que este «Te llamaremos, Franck» era en definitiva una despedida. Una forma cortés de decir «Franck, no queremos trabajar contigo porque creemos que no eres capaz de aportar valor a nuestro negocio y no te necesitamos.»

O peor aún «No hemos entendido a qué te dedicas ni por qué eres tan caro».

De 2004 a 2008, dediqué mi vida a tratar de vender soluciones web y multimedia a todo tipo de empresas, en España, en mi propio negocio.

Soluciones a medida.

Como una gran agencia de publicidad, pero sin el premium en las tarifas. Ni tampoco la estructura ni los recursos humanos de estas agencias.

Esta era mi (triste) propuesta de valor: hacerlo igual de bien, con más cariño, trato personalizado y mucho más barato.

Y aprendí en mis propias carnes que barato no es ningún atractivo en un mercado en el que el 90 % de los competidores van de baratuchos y en el que los que deciden siempre tienen un diabólico primo que puede hacerles un apaño.

Difícil mundo el del diseño y las soluciones web freelance. Todos tenemos (malas) opiniones sobre gustos y colores. Todos creemos que podemos diseñar (chapuzas) para nuestro negocio.

Más que aprender, creo que este «Te llamaremos, Franck» me hizo sufrir: Incomprensión, dolor, desesperación, impotencia. Y agobio, por ver el tiempo pasar y ver también las dificultades para pagar las facturas e ir creciendo.

Me costó mucho cerrar este negocio mal nacido pero lo hice en 2008.

Y me costó también un par de años de reflexión y formación en ventas para entender mejor lo que me había pasado.

El problema no eran mis clientes potenciales ni la competencia barata, sino que el problema lo tenía yo.

Dependía de la suerte para vender proyectos. Tampoco filtraba ni elegía con quién trabajar así que desperdiciaba mi tiempo con los clientes inadecuados. Eso sí, los clientes potenciales sí seleccionaban a sus proveedores.

Peor aún, desde las primeras interacciones estaba en una situación de debilidad y desventaja frente a mis competidores.

¿Por qué?

Porque no disponía de una herramienta para posicionarme en el mercado.

Un profesional sin posicionar en su nicho de mercado es un freelance invisible, es un emprendedor que no vende, es un profesional que desperdicia un know how bien real y valioso. Un don nadie digital que ve pasar a la gente por delante sin conseguir una mirada, ni parar su paso.

Internet lo había cambiado todo, en muy pocos años y para siempre.

Antes, las agencias trataban de captar a cuantos más clientes de cualquier tipo cerca de su sede. El negocio era local. Esta estrategia generalista tenía todo el sentido del mundo.

Hoy estas agencias de todo y nada están condenadas al olvido digital en la red.

Hay que estrechar tu cartera de clientes con una especialización sectorial para poder competir mejor en un mercado más grande como lo es el del mundo digital. Internet rompe las barreras geográficas de tu barrio para llevar tus ideas y tus casos de éxito al confín del mundo de habla hispana. Siempre y cuando consigas ser visible y memorable en Internet.

Sin una especialización, hoy en día, no hay salvación para un creativo freelance. No conseguirás visibilidad y sin tracción propia, eres un profesional dependiente, en el mejor de los casos. Un futuro desempleado en el peor de ellos.

Dependes de la buena voluntad de un tercero.

Este intermediario que está al contacto del cliente y que monta y desmonta equipos de profesionales en cada proyecto, como se hace en la industria del cine.

Depender de algo o alguien nunca es una idea inteligente.

Puede que funcione un rato, en épocas de bonanza económica para el país. Pero estos momentos nunca duran mucho.

Luego te van a llamar para pedirte rebajar del 30 % de tu tarifa, para mantener sus márgenes bajando sus precios.

Y luego te pedirán otra bajada, cuando empiecen a estar desesperados por pillar proyectos, para poder pagar sus costes fijos.

Y si no aceptas sus condiciones, dejarán de llamarte.

Ser freelance es una elección de vida.

Es elegir la libertad, ante todo.

Es amar tu profesión y sentirte como un artesano que trabaja en digital. Cuidar tus creaciones más de la cuenta y compartir vivencias con tus clientes. Más allá de la rentabilidad del proyecto.

Pero elegir ser freelance es también asumir el precio de tu estilo de vida.

¿Cuál es este precio?

Si de verdad quieres vivir bien de tu oficio y no transformarte en un empleado de segunda zona, uno que hace las horas sin tener los derechos de los empleados por cuenta ajena, si de verdad quieres evitar despertarte una mañana en pleno «Bad Trip» —pesadilla completa— pues tienes que responsabilizarte del 100 % de tu negocio.

No sólo a nivel técnico, sino también a nivel de tu marca personal, su posicionamiento en el mercado y la necesidad de aprender a vender de forma natural sin tener que bajar tus pantalones delante de clientes tóxicos que deberías despedir al primer intento de maltrato que te hagan.

Tu eres la solución a todos tus problemas actuales. Tus miedos y tus dudas.

Tú y el libro *Imperio Freelance*, el tesoro que te ha preparado Laura López con arte y cariño.

Gracias a este libro, vas a aprender a transformar este fatídico «Te llamaremos» en un «¿Cuándo empezamos?» lleno de ganas e ilusión.

Y de paso, vas a aprender a vender mejor tus servicios, sin apenas esfuerzos, ni necesidad de regatear tu tarifa.

Y para colmo, vas a descubrir cómo conseguir a clientes enamorados de tu trabajo, listos para transformarse en evangelistas de tu negocio.

¿No te lo crees?

Bueno, termina cuanto antes este prólogo y empieza a devorar la sabiduría que vas a encontrar en cada una de las páginas de este libro. Este libro es todo conocimiento. Este libro es práctico y te propone ejercicios accionables que puedes poner en marcha en tu negocio freelance mañana mismo. Este libro es auténtico porque no lo ha escrito un escritor profesional, sino una freelance que lleva metida años en la trinchera de este oficio.

Día tras otro. Te deseo una buena lectura, profesional independiente. Y déjame hacerte una última recomendación: toma muchas notas, y sobre todo, que no se te olvide poner en práctica todo lo que vas descubriendo en esta pequeña joya que tienes en mano.

En el peor de los casos, vivirás un aprendizaje nuevo, y en el mejor de los casos, colgarás orgulloso el cartel de «agenda completa hasta el año que viene», dejando muertos de envidia a todos tus colegas freelance.

Tu negocio freelance estará a la altura de tus sueños. Así que, yo que tú, apuntaría a la Luna.

# CASO DE ÉXITO: Elena Altuna

Alumna del Programa Formativo Imperio Freelance
www.elenaaltuna.com
Diseñadora de identidad visual y editorial para psicólogos y terapeutas

**¿Qué te motivó a hacer cambios en tu negocio y a implementar una estrategia de marketing?**

Desde que comencé como autónoma en 2014 no tenía objetivos claros e iba apagando fuegos cumpliendo fechas de entrega, trabajando en lo que me surgiera y mandando currículums como loca a agencias de publicidad. Lo cierto es que cuando conocí a Laura en 2015 y después de leer mucho en su blog entendí que tenía un problema de base y que necesitaba implementar esos cambios para empezar a diferenciarme frente a otros diseñadores freelance. Recuerdo que *Imperio Freelance* fue la primera formación online de pago en la que confié e invertí, y no lo olvidaré nunca. Fue el inicio de una aventura que, definitivamente, ha cambiado mi forma de ver los negocios online y me ayudó a entender que ese problema tan grande que sufría cada día, tenía una solución.

**¿Cuánto tiempo tardaste en implementar los cambios propuestos en *Imperio Freelance*?**

Me centré en hacer todos los cambios internos y externos en mi negocio justo cuando acabó la edición beta de *Imperio Freelance*, a finales de 2015. Mi máxima prioridad era mejorar mi presencia online e implementar todos los cambios que Laura nos iba enseñando.

## ¿Qué resultados has obtenido gracias a estos cambios en tu negocio?

Diría que he notado muchos cambios, tanto a nivel personal como profesional. Empecé a posicionarme en la mente de mis clientes como una diseñadora diferente, pude subir los precios de mis servicios (a más del doble de lo que cobraba) y, sobre todo, sentí y siento desde entonces mucha más seguridad en mi misma a la hora de establecer condiciones y comunicarme con los clientes. En menos de un año estaba trabajando para varios psicólogos referentes y el flujo de clientes no ha parado.

## ¿De qué manera *Imperio Freelance* ha cambiado tu negocio o tu vida?

Esta formación online fue claramente la que me hizo dar el salto a lo que soy ahora como marca, puedo decir que cambió totalmente mi forma de ver mi negocio. Antes me veía a mi misma como una persona particular trabajando en mi casa y ahora entiendo que tengo una empresa propia. Puede parecer una tontería, pero puedo asegurarte que este simple cambio de chip te abre los ojos y te hace confiar mucho más en ti mismo.

## ¿Cuál ha sido la mayor sorpresa o el mayor impacto durante todo el proceso?

La mayor sorpresa ha sido que los usuarios que visitan mi web o se suscriben a mi lista de email me dan las gracias cuando escribo un artículo en mi blog o les ayudo a solucionar un problema (muy básico para mí) sobre diseño. Ha sido impresionante también notar que mis clientes me agradecen la ayuda y que yo misma me siento muy cómoda trabajando con ellos. Antes esto era impensable, porque trabajaba mayoritariamente con agencias y nunca conocía al cliente, ni sabía sus problemas o preocupaciones. He entendido que este cambio de mentalidad, de estrategias y de implementación que aprendí en Imperio Freelance era necesario desde el primer momento en el que me hice diseñadora freelance, y siempre le estaré muy agradecida a Laura por haberme abierto los ojos.

## CAPÍTULO 1:

# POR QUÉ LOS CLIENTES NO VALORAN TU TRABAJO

## Mi historia y contexto del libro

Hola, soy Laura López, autora del blog lauralofer.com, premiado con un Bitácoras, y creadora de la Calculadora Freelance y el programa formativo *Imperio Freelance*.

Quiero que sepas desde ya que no soy una gurú ni una gran empresaria. Soy una emprendedora que se lo curra todos los días para ganarse la vida haciendo lo que le gusta y que sabe desde dentro lo que significa ser freelance ofreciendo servicios creativos.

Seguramente estoy en lo cierto si te digo que, al igual que a mí o al igual que a la mayoría de los diseñadores freelance como tú, te apasiona tu profesión. Gracias a tu talento y al boca a boca conseguiste tus primeros clientes y así es como empezaste a trabajar para terceros, un poco sin darte cuenta, ¿me equivoco?

Y es que, normalmente los diseñadores freelance nos dejamos llevar un poco por la corriente del día a día: nos centramos en diseñar o aprender nuevas habilidades o programas de diseño y nos despreocupamos de captar clientes porque suelen «venir solos» a través de referencias o recomendaciones, excompañeros de trabajo o familiares.

Tener una red de contactos es importante y, hasta hace unos años, muchos diseñadores freelance no necesitaban hacer marketing porque les llovían los proyectos de esta manera. Sin embargo, en los tiempos que corren y con la cantidad de opciones y competencia que existe en el mercado, esta manera de conseguir clientes no es suficiente y los espontáneos o bien empiezan a escasear, o bien son poco rentables. Así que, la incertidumbre de saber si el mes que viene o el año que viene podrás mantener los ingresos empieza a pesar.

Además, cuando estamos en una fase de ausencia de proyectos nos agobiamos y buscamos la vía rápida para facturar ese mes. De esta forma, acabamos entrando en marketplaces freelance low cost donde, si con suerte te seleccionan, acabas trabajando para clientes que no respetan ni valoran tu trabajo y que encima pagan cuatro duros regateando cada partida del presupuesto hasta el extremo.

Y no solo eso, seguramente ahora dependes completamente de dar servicio a tus clientes y te sientes esclavizado con horarios infernales, no puedes negociar o aumentar tus tarifas porque si no, la competencia te pisa o tienes clientes que se creen tus jefes e imponen su criterio en cualquier decisión por mínima que sea e incluso se atreven a llamarte a deshoras con urgencias.

Seguramente no tienes tiempo para desarrollar otras fuentes complementarias de ingresos o para crear el típico proyecto propio en paralelo que todos ansiamos; ese con el que dejar de vender tu tiempo y dar rienda suelta a tu creatividad.

¿Te suena algo de esto?

Necesitas aceptar trabajos mal pagados y sientes que no puedes elegir en qué proyectos te implicas.

Todos los servicios los haces a medida y te vuelves majareta haciendo cada presupuesto porque nunca sabes cuánto cobrar a cada cliente y al final de todo te das cuenta de que siempre te quedas corto por miedo a pasarte con el precio.

A mí sí, porque lo he vivido o, mejor dicho, lo he sufrido.

Después de dos años así y, a pesar de haber tenido mucha visibilidad y apariciones en medios gracias a mi aplicación Calculadora Freelance, me sentía mal con mi negocio y con el rumbo que llevaba. Tenía un nivel de estrés y ansiedad brutal y trabajaba más horas de las que mi mente podía aguantar.

Aunque mi estado de ánimo estaba por los suelos y me había convertido en una gruñona, yo negaba ese estrés porque lo tenía normalizado e interiorizado como parte de mi vida y del hecho de ser autónoma.

Pero el cuerpo es sabio y no olvida y me dio un toque de atención. Todo el peso que estaba cargando a mi espalda salió a la luz en forma de problemas digestivos, dolores de cabeza y de espalda y hasta se me empezó a caer el pelo. Mi sistema inmune se había vuelto loco por culpa del estrés acumulado.

Eso fue lo que me hizo reaccionar y darme cuenta de que las cosas tenían que cambiar y que sólo podía cambiarlas yo.

Empecé a formarme, a investigar y a hacer cambios desde la base de mi negocio y un año después había conseguido un premio Bitácoras, una comunidad de más de 15.000 diseñadores freelance suscriptores de mi blog, dar varias charlas, nuevas apariciones en medios y más de 300 clientes.

Entre ellos está Franck Scipion de LifestyleAlCuadrado.com, blog referente de habla hispana sobre negocios online, que además de haber sido mi mentor se convirtió en mi cliente para ayudarle con toda la parte visual de su negocio.

Todo esto me ha devuelto la confianza en mí misma y me ha trasformado como persona de forma absolutamente positiva. He recuperado la fuerza emprendedora que me caracterizaba y la ilusión y pasión por mi trabajo. Y por supuesto, en mi estado de ánimo y mis relaciones personales eso se nota. Eso sí, se trata de un trabajo continuo así que sigo aprendiendo e invirtiendo en mi negocio y en mi persona.

Bien, imagínate por un momento este escenario: ya has implementado una buena estrategia para la captación de clientes y ya estás disfrutando de los beneficios de la misma. Has creado una web con un blog ampliamente reconocido en el sector y que, gracias a eso, te llaman para impartir charlas y recibes propuestas y presupuestos semanales. No solo eso, sino que además gozas de la libertad de trabajar en remoto desde cualquier lugar con tu ordenador; y lo mejor de todo: el teléfono no te interrumpe cada dos por tres ni tienes que acudir a reuniones presenciales que se hacen eternas y que son inútiles.

Con el paso del tiempo, has sido capaz de desarrollar una serie de infoproductos y recursos online que te permiten facturar incluso estando de vacaciones. Además, tu cartera de servicios es rentable y los precios están bien definidos; precios que los clientes aceptan y pagan incluso por adelantado. Suena bien, ¿verdad?

Tristemente, la realidad es bastante distinta. Los altibajos en el mundo del freelance son una constante: de repente estás en una fase de ausencia de proyectos como te pueden llegar diez de golpe y tan solo puedes atender tres. Siempre es así.

Si bien el diseño freelance es en la actualidad una actividad secundaria en mi negocio, he tenido que hacer frente a estos problemas que te he comentado. Es más, muchas veces sigo metiendo la pata. Sin embargo, busco solución a estos problemas estudiando el mercado y en busca de profesionales que ya los hayan resuelto.

Para muestra, un botón: para contrarrestar este efecto estacional que te comentaba, tienes varias opciones. En primer lugar, puedes crear un equipo de freelancers a quien delegar ciertas partes más mecánicas del proceso y colaborar en vez de competir.

En segundo lugar, tienes la opción de vender tus habilidades como formador o en forma de infoproductos como cursos online o e-books. Tienes que pensar también en los clientes potenciales que NO se pueden permitir tus servicios de precios más elevados. Para ese estrato de tu audiencia puedes crear un producto o servicio paquetizado al estilo do it yourself con el objetivo de conseguir clientes nuevos.

En mi caso, esto mismo lo aplico a mi propio negocio a través de mis servicios, mi programa formativo *Imperio Freelance* y otras guías y cursos online de precios más bajos. De esta manera, cubro diferentes necesidades de mi audiencia con productos y servicios con precios desde muy bajos hasta premium.

Además de ser diseñadora como tú, soy técnico en marketing y te puedo asegurar que he invertido mucho tiempo y dinero en investigar y formarme en esta área para extraer lo esencial y quitar la paja para, después, extrapolarlo a nuestro caso concreto como diseñadores freelance con el objetivo de conseguir tener un negocio rentable con más y mejores clientes.

Durante este camino he seguido de cerca a unos cuantos casos de éxito tanto españoles como de habla inglesa que validan la metodología que aplico en mi negocio y quiero presentártelos uno a uno a continuación:

**Brennan Dunn:** es un consultor norteamericano que empezó como diseñador freelance y ahora tiene una agencia con un equipo de más de diez personas. Su facturación anual supera los dos millones de dólares. Además, comparte toda su experiencia en su blog, conferencias, cursos y un podcast.

**Liam Veitch:** otro gran referente (inglés en este caso) para los diseñadores y desarrolladores freelance. Es un gran partidario de la especialización en un tipo de cliente concreto. Algo de lo que te hablaré durante el libro.

**Laura Ribas:** no necesita mucha presentación porque es una más que conocida emprendedora y empresaria española en el mundo online. Laura está enfocada en ayudar a autónomos y pequeñas empresas a conseguir más ventas. La sigo desde hace tiempo porque coincido plenamente con su manera de ver el mundo de los negocios ya que las estrategias que utiliza se basan en el posicionamiento en el mercado apoyándose en el marketing de contenidos a través del blog y el email.

**Franck Scipion:** gran conocido en la blogosfera hispanohablante a pesar de ser francés. Ayuda a blogueros a transformar su blog en un negocio con estrategias probadas que están enfocadas en tener un sistema escalable basado sobre todo en la venta de infoproductos y cursos online. Puedo decir con orgullo que ha sido mi mentor (y el autor del prólogo de este libro) y también mi cliente; y su metodología ha ayudado a miles de emprendedores a tener un negocio digital rentable.

Estos son para mí claros ejemplos a seguir y sigo aprendiendo de ellos y de otros profesionales constantemente porque en cuestión de negocios nunca hay que dejar de investigar, reciclarse e innovar. Desde que emprendí en 2013 he cometido muchísimos errores frustrantes de los que también he aprendido mucho; de hecho, yo nunca me escondo en este sentido porque creo que nadie es perfecto y que de todo se aprende, pero me parece que en esta vida nunca hay que dejar de formarse de la mano de expertos que estén a un nivel superior al tuyo y que te ayuden a evitar algunos errores y avanzar más rápido.

Por eso creo que es necesario invertir en formación y reciclarse continuamente en cuestión de marketing y negocios si queremos que el nuestro funcione. Antes yo también tenía mis dudas; no me atrevía a gastarme 700 € en un curso online y mucho menos 3000 € en un mentor porque evitaba cualquier gasto no relacionado directamente con el diseño.

Pero, como te contaba antes, viajando atrás de nuevo hasta 2014 mi situación era insostenible: este ritmo me pasó factura, estaba sobrepasada de trabajo y aun así no me salían las cuentas.

Mi problema es que antes de lograr todo lo que te he contado, no tenía una metodología ni una estrategia bien orientada para llegar a los clientes que me convenían. Por eso, me llegaban solicitudes de presupuestos de todo tipo y aceptaba casi cualquier trabajo que me proponían desde tarjetas de visita o pequeños trabajos míseros, hasta webs más grandes mal pagadas.

Desde aquel momento, he invertido mucho tiempo y dinero en formarme para que mi negocio evolucione y crezca porque he comprendido que, aunque por suerte dentro de nuestra profesión no necesitamos invertir en maquinaria cara ni en materias primas o alquiler de local para comenzar, sí creo que es absolutamente necesario invertir en conocimiento para tener un negocio de éxito.

Seguir la pista de grandes emprendedores online me hizo ver que todos tienen varias cosas en común: tienen un blog, no venden servicios a medida como lo hacemos de forma tradicional offline (tienen una cartera de servicios muy bien definida y también infoproductos que no requieren de su presencia), han apostado en muchos de los casos por su marca personal, tienen implementado un sistema de suscripción por email para enganchar a los lectores que llegan a su blog y convertirlos en clientes, ofrecen mucho contenido de valor gratuito con el que se ganan la confianza de sus clientes potenciales y han conseguido tener mucha visibilidad y autoridad en el mercado online.

¿Cuál es la conclusión que se puede sacar de esto? Pues que tienes que tomar las riendas de tu negocio porque, aunque no lo quieras ver, vender es tu responsabilidad y es la clave de tu éxito. Y no estoy hablando de salir a la calle a vender a puerta fría que conste. Hablo de estrategias que te ayudan a atraer a los clientes a tu web en lugar de salir tú a cazarlos.

Y te preguntarás: ¿cómo se consigue esto? Pues con una web profesional centrada en tu marca personal en lugar de venderte como una agencia cuando no lo eres, llevando un blog con contenido de mucho valor para tus clientes actuales y potenciales, creando una cartera de servicios paquetizados y muy bien definidos en lugar de inventar servicios a medida para cada cliente, especializándote y siendo el mejor en una disciplina en lugar de ser un bazar que vende de todo, creando tu propio sistema de ventas para captar clientes online y diversificando para no depender únicamente de vender tu tiempo.

Esto se traduce en mayor visibilidad en el mercado, aumento de tus tarifas y de tu poder de negociación, atracción de los clientes en lugar de salir a la calle a buscarlos, menos tiempo en inventar presupuestos a medida, un aumento de los presupuestos aceptados, tener tus propios clientes en lugar de depender de que una agencia te subcontrate y una constancia en los ingresos a largo plazo. Desde luego tiene todo el sentido del mundo trabajar de esta manera.

Todo esto que te cuento es un camino que va desde el punto en el que estás ahora hasta donde podrías estar dentro de 18 meses, y he desarrollado una metodología en detalle dentro de este libro.

Yo creo que es posible duplicar tu tarifa, no de la noche a la mañana porque no existe la magia ni creo en los atajos en los negocios, pero si te lo curras y sigues una serie de estrategias, es factible que tengas la capacidad de multiplicar tu tarifa por dos y empezar a tener tu vida soñada en los próximos meses.

## ¿Este libro es para mí?

Bueno, ahora que ya tenemos claras todas las ventajas de crear una estrategia online para tu negocio freelance imagino que tendrás un montón de dudas en tu caso personal.

Me dirás: yo soy novato, acabo de empezar, lo mío es el diseño y no tengo ni idea sobre negocios porque en la carrera o los cursos que he hecho nunca me han hablado sobre esto.

No te preocupes, yo también he estado en ese punto y, a pesar de que yo contaba con conocimientos previos sobre marketing, no tenía ni idea de cómo aplicar toda esa teoría a la práctica así que también partí de cero. En mi caso fui improvisando a base de prueba error según fueron apareciendo mis primeros clientes y te aseguro que metí la pata pero bien con las tarifas y la gestión y captación de clientes.

Lo bueno de tu situación es que tú te has puesto manos a la obra para buscar ayuda y soluciones desde el principio con este libro. Yo sin embargo tardé dos años en darme cuenta de que no podía seguir por el camino que llevaba.

Quizás estás pensando que son demasiados conceptos, todos muy nuevos para ti y que no sabes por dónde empezar. Es normal, hay mucha información que procesar, pero en este libro te quiero mostrar el camino paso a paso para que lo veas todo más claro.

Puede que me digas que no tienes tiempo, y es comprensible porque los clientes requieren toda tu atención. Mi consejo es que, si realmente quieres implementar mi estrategia y que funcione, empieces a dar plazos más largos para tener tiempo. De esta manera, la podrás poner en práctica y conseguir buenos clientes. De lo contrario, tu objetivo de conseguir la vida soñada que quieres acabará diluyéndose y eso aumentará tu nivel de frustración y empeorará tu salud tal y como me pasó a mí.

A lo mejor crees que todo lo que te estoy contando no es aplicable a tu sector. Te sorprenderá la cantidad de negocios tradicionales de sectores muy dispares que han dado el salto al mundo online y que han conseguido triunfar gracias a esta estrategia. Creo que no es cuestión del sector, es cuestión de desarrollar estrategias probadas para hacer evolucionar tu negocio freelance y vender tus servicios a los clientes adecuados.

Quizás no seas nada tecnólogo porque tu disciplina es más creativa que técnica, pero te aseguro que no necesitas ser un experto en tecnología porque hoy en día es muy fácil aprender a utilizar diferentes herramientas gracias a toda la formación y tutoriales que tenemos en internet. Lo realmente complicado es definir e implementar una visión estratégica que es lo que voy a enseñarte yo.

Si lo que te preocupa es que si haces cambios en el negocio vas a perder a tus clientes actuales y quedarte sin nada, te diré que eso significa que no son buenos clientes; y en realidad esto es muy sano para tu negocio ya que va a permitirte dejar hueco y acercarte a los clientes que de verdad te convienen y pagan lo que haga falta para trabajar contigo porque entienden el valor que aportas a su empresa.

Por último, si lo que te pasa es que no tienes dinero para montar una web e invertir en tu negocio pues, ¿qué te voy a decir? Si no tienes ni 100 € para contratar un hosting y un dominio y crearte tú mismo una web profesional en WordPress, entonces es momento de que busques otro método para buscar clientes porque con el mío es necesario disponer de un mínimo de pasta para invertir en tu negocio.

## Qué te espera en este libro

Te voy a anticipar la metodología que sigo en mi negocio y que te voy a explicar en detalle en los próximos capítulos.

El primer escalón para convertirte en un freelance con una estrategia y tener clientes que te paguen lo que te mereces, es encontrar una especialización y diferenciación frente al resto de diseñadores generalistas. Es más, te hablo de hiperespecializarte en un nicho de mercado y posicionarte como un referente, es decir, encontrar cuál es tu fuerte y ser el mejor en una disciplina para destacar frente a tu competencia. De esta manera, podrás definir y apuntar a un cliente ideal mucho más concreto en lugar de matar moscas a cañonazos e intentar vender de todo a todo el mundo.

No obstante, muchos freelancers piensan que si se especializan en un nicho se cierran puertas y pierden clientes, pero te aseguro que el efecto es el contrario. De hecho, no especializarse tiene muchos más riesgos. Como eres generalista y vas a todo el mundo tienes una competencia brutal que compite por precio y no te permite elegir clientes, y tienes que pillar lo que venga.

Veamos un ejemplo de un negocio de otro sector. Cojamos la típica asesoría tradicional que trabaja con todo tipo de negocios. Ahora en la era de internet han llegado asesorías y herramientas online como QuadernoApp que cubren el mismo problema con un coste mucho más bajo y que elimina del mercado a estas asesorías típicas de toda la vida. En cambio, una asesoría especializada en restaurantes siempre tendrá su lugar en el mercado y podrá trabajar de la mano de estas opciones innovadoras porque los clientes confiarán en su experiencia en el sector. Es decir, el valor reside en el conocimiento del sector, no en la técnica utilizada de base.

Por tanto, un diseñador especializado en un nicho no es necesariamente mejor diseñador que otro. Es mejor para los clientes que ha atraído porque conoce a fondo sus necesidades dentro de su sector. Por eso, los conocimientos del mercado y sus peculiaridades en concreto valen más que la técnica en sí.

Volviendo al mundo de los diseñadores, un experto en WordPress puede facturar 30-40 €/hora o 100 €/h si se ha especializado, por ejemplo, en Génesis.

En este caso el cliente no tiene por qué pagar más al final porque a lo mejor en dos horas a 100 €/hora hace más que en 10 a 30-40 €/h.

Especializarse es ir más rápido para el cliente y ofrecer más valor en tus soluciones. Esto se traduce en un aumento de tarifas paulatino y un poder de selección y elección de clientes que valoran tu trabajo y proyectos más atractivos.

Creo que, hoy en día, la diferenciación y visibilidad dentro de los freelancers va unido a posicionarse como un referente en un área concreta. Por supuesto, el primer paso es encontrar tu manera de diferenciarte y saber transmitirlo de la mejor forma en una web profesional para que poco a poco esto se vaya asentando en el mercado con el transcurso de los meses. No te puedes posicionar como experto de un día para otro, se trata de un proceso, pero lo que sí puedes hacer más rápido es especializarte en un nicho de mercado.

El segundo paso consiste en innovar en tus servicios y dejar de crear aquellos inventados a medida para cada cliente sin saber nunca cuánto deberías cobrar. Por tanto, debemos crear una cartera de servicios nueva muy concreta y empezar ofreciendo no más de uno o dos servicios paquetizados que resuelvan el problema principal del cliente ideal que quieres atraer. Esto significa dejar de vender servicios a medida que implican esperar semanas o meses para saber si el proyecto va a salir; y encima, en muchos casos, también cobrar mucho tiempo después de la entrega. Yo creo que no compensa; y en todo caso, inventar servicios a medida debería cobrarse caro con precios desde 5000 € o incluso 10 000 € en adelante.

En tercer lugar, es totalmente necesario crear una estrategia de precios con unas tarifas adecuadas trasladadas a unos servicios con diferentes características y, por tanto, diferentes niveles de precios para tener un embudo de ventas estratégico que ayude a cubrir diferentes tipos de necesidades dentro de tu nicho.

En cuarto lugar, es importante tener una plataforma online donde mostrar quién eres, qué haces y para quién, pero además completarlo con un blog que ayude a generar tráfico cualificado a tu web que después podrán convertirse en clientes. Esta etapa y la siguiente son procesos permanentes que deberás atender semanalmente. Tu objetivo es hacer crecer tu visibilidad y audiencia más y más.

Con esto quiero decirte que es imprescindible matar al intermediario y tener tu propia plataforma de venta de tus servicios y productos y, por eso, los marketplace freelance no te valen.

Entiendo que a muchos diseñadores freelance la idea de crear un blog les puede agobiar, pero se trata de un plus y una firme recomendación que creo que es muy efectiva y funciona muy bien. Por supuesto, si no quieres meterlo en tu estrategia, en este libro también ayudo a conseguir clientes por otras vías complementarias igual de importantes como son el networking, la red de colaboradores, las redes sociales o la puerta fría por email.

En quinto lugar, nos tenemos que centrar en atraer más visitas a nuestra web y convertirlas en suscriptores cualificados por email. La lista de correo es la clave para desarrollar una buena estrategia de email marketing que ayude a generar confianza en tus lectores y finalmente quieran contratar tus servicios. Así que para hacer que esta lista de contactos crezca pero que, además sea el público correcto, lo mejor es crear un lead magnet o gancho que no es más que un pequeño regalo en formato pdf que resuelve un problema muy específico relacionado con tu especialidad y que se lo ofreces a tus suscriptores a cambio de dejarte su email.

En sexto lugar, deberás cualificar a los clientes potenciales o leads. No basta con atraer al público correcto a tu plataforma y a tu lista de emails, también es necesario analizar o cualificar a las personas o negocios que se interesan por tus servicios. Para ello, es absolutamente indispensable tener un filtro y quedarte sólo con las propuestas que de verdad se ajusten a lo que tú ofreces y tengan un perfil lo más parecido posible al cliente ideal que definiste en la primera etapa. Si no haces esto, terminarás de nuevo trabajando en cualquier cosa que te venga y perderás el foco. Tienes que tener siempre tus objetivos en mente para no desviarte del camino y aprender a rechazar propuestas que no se alineen con tu negocio. Esto lo conseguimos a través de formularios en tu web y en tu email.

Y, por último, la fase siete consiste en saber llevar una reunión con un cliente potencial, crear presupuestos que acepten y aprender a negociar como un pro para conseguir cerrar proyectos. Y por supuesto, fidelizar a los clientes para que te recomienden y te vuelvan a contratar. El resultado: más dinero en tu bolsillo.

Todo este proceso debe ir acompañado de dos etapas transversales: desarrollar nuevas fuentes de ingresos que no dependan únicamente de tu tiempo y te permitan tener ingresos cuando no estés tú presente. O lo que es lo mismo: que una parte de tu negocio sea escalable y no dependa de vender tu tiempo. Esto se consigue vendiendo infoproductos, recursos, plantillas o cursos online, entre otros.

Y, por otro lado, es necesario que valides y sanees tus clientes actuales y verifiques que son rentables y van en línea con tus nuevos objetivos o si, por el contrario, te comen todo el tiempo por poca pasta y no te están permitiendo avanzar.

Con este método conseguirás poco a poco convertirte por fin en un freelance libre.

Imagino que estás pensando: «Laura, me parece muy interesante todo esto que cuentas, pero, ¿de verdad me compensa hacer todo esto? Es mucho trabajo. ¿Hasta qué punto me tengo que meter en este jaleo?».

Bueno, si ahora mismo te sobra el trabajo y estás facturando de 3000 a 5000 €/mes y no estás quemado ni esclavizado por tu forma de trabajar, no me necesitas porque está claro que lo tienes resuelto.

Si en cambio, malvives y te cuesta horrores encontrar clientes para llegar a fin de mes, entonces lo que te cuento te puede ayudar y mucho. Todo lo que te estoy explicando y voy a contarte en este libro es el modelo de freelancing de ahora y del futuro.

Hay diseñadores freelance veteranos que me dicen que ellos no han necesitado hacer todo esto porque tienen trabajo de sobra desde el principio gracias a su red de contactos. Y estoy segura de que es así porque los diseñadores más top llevan más de diez años en el mercado y tienen visibilidad y reconocimiento, y puede que no necesiten hacer determinadas estrategias para darse a conocer porque ya tienen nombre. Pero si no es tu caso porque no tienes ni siquiera una red de contactos o clientes recurrentes, no esperes sentado: o te renuevas o vas a tener un problema bien grande; si no es ahora, será en unos meses cuando termines quemado.

De todas formas, tienes razón. Todo esto requiere de mucho trabajo. Te lo digo de manera honesta y transparente: esto lleva su tiempo y dedicación, y no se consigue de la noche a la mañana. No te creas al que te diga lo contrario.

Hablamos de un cambio profundo de filosofía y de manera de trabajar, y es necesario pasar por diferentes etapas hasta conseguir llegar a la cima; así que, no esperes resultados tremendos en dos semanas. Esto no es un parche temporal para llegar a fin de mes al instante ni para conseguir clientes rápido, hablamos de un cambio de vida y de acciones que te van a permitir tener un negocio rentable a medio y largo plazo, y que te acerque al estilo de vida que quieres. Pero compensa.

Vas a eliminar muchos problemas de tu vida provocados por no haber tomado el control sobre tu negocio y haber creado una metodología de captación de clientes en tu propia plataforma.

Algunas de estas consecuencias negativas quizás te suenen:

- Aparecen los famosos «clientes tóxicos».
- No atraes a clientes con proyectos interesantes.
- Trabajas en proyectos cutres y de bajo presupuesto.
- Tienes constante incertidumbre y falta de previsión sobre tus ingresos.

- Presupuestas de mala manera cosas que no dominas y al final haces trabajos mediocres.
- Asistes a reuniones improductivas que no llegan a nada.
- Facturas poco.
- Reutilizas poco porque inventas servicios a medida para cada nuevo cliente.
- Consolidas poco tus conocimientos por hacer proyectos muy diversos. Eres como una navaja suiza, sabes un poco de todo, pero no eres experto en nada y en muchos proyectos dedicas muchas horas a aprender nuevas habilidades antes incluso de poder pasar un presupuesto.
- Tu marca no se difunde, no tienes nombre en el mercado.
- No eres un experto en una materia concreta y nadie habla de ti ni te invitan a dar charlas o conferencias.
- Como no tienes apenas trabajo, tampoco tienes poder de negociación y coges lo que te viene.
- Trabajas muchas horas por poca pasta.
- En definitiva: tienes un negocio de mierda que te controla a ti y no llevas el mando tú.

Y la pregunta del millón: ¿qué haría yo?

Bueno, me voy a poner en tres contextos diferentes que suelen ser bastante habituales:

El primero de los casos es el del diseñador freelance dependiente. Este diseñador trabaja para uno o dos clientes fijos. Su relación con el cliente es como de jefe-empleado. Está totalmente esclavizado y, además, corre el riesgo de que, si se cae uno de sus clientes, le destroza las cuentas.

Algo parecido me pasó a mí. Tenía dos clientes. Para el primero, trabajaba a media jornada; y, para el segundo, varias horas a la semana en su oficina. Esto se tradujo en que era una empleada sin ningún derecho social, ni vacaciones, ni paro, ni indemnización por despido. En este caso, el beneficio era sólo para la empresa que se ahorraba los gastos de la Seguridad Social. A eso, tenía que añadir que yo corría con todos los gastos que conlleva ser autónomo; sin hablar, claro, de lo cargada de horas que estaba para dos clientes. No tenía tiempo de nada más y no me llegaba para un sueldo digno. El colmo fue cuando, al mes de estar dada de alta como autónoma, se cayó uno de los clientes.

El segundo tipo de diseñador es el freelance novato. Todavía no tiene visibilidad y tiene pocos clientes que pagan poco. En mi caso, la situación de pánico al caer mi primer cliente fijo duró poco porque para ese momento ya había empezado a buscarme la vida para conseguir nuevos proyectos. Por un lado, con encargos que me llegaban a través de mi web y, por otro lado, empecé a trabajar para agencias de marketing y diseño.

Trabajar con agencias estaba bien porque me llegaba trabajo sin hacer esfuerzos comerciales por mi parte. Puede estar muy bien cuando empiezas como freelance, pero depender de un intermediario tiene sus contras: trabajas bajo las condiciones de su negocio, dependes de que tengan clientes que necesiten tu parte de trabajo y además hay demasiadas «capas» de profesionales interviniendo en el proceso de feedback, con lo que el flujo de trabajo es lento y los cambios y plazos de entrega se alargan al extremo muchas veces.

Ten esto en cuenta: nadie venderá para ti. No puedes depender de terceros, porque si no, son estos terceros los que serán visibles para el cliente y no tú. En breve profundizaré en ello.

Y, por último, tenemos el caso de un diseñador freelance que lleva ya tiempo con su negocio, pero está en declive. Esta fue la tercera etapa por la que pasé antes de comenzar con mi negocio actual. A pesar de tener visibilidad en el mercado y en las redes sociales, al no ser proactiva a la hora de captar clientes cada vez tenía menos proyectos y mi facturación estaba cayendo.

# CASO DE ÉXITO: Kristina Pacesaite

Alumna del Programa Formativo Imperio Freelance
Kristina Pacesaite
www.pacesyte.com
Diseñadora de identidad visual para restaurantes

**¿Qué te motivó a hacer cambios en tu negocio y a implementar una estrategia de marketing?**

Trabajaba como generalista, haciendo todo para todos. Esto me llevó a una situación desagradable, cuando no tenía tiempo para nada y además me venían muchos clientes tóxicos.

**¿Cuánto tiempo tardaste en implementar los cambios propuestos en *Imperio Freelance*?**

El diseño de la web lo hice bastante rápido, y después poquito a poco empecé a implementar los cambios estratégicos. Lo que más me costó es cambiar «el chip» y pensar de una manera más eficiente. Después ya era más fácil hacer la parte técnica. En total me parece que he tardado unos cuatro o cinco meses.

**¿Qué resultados has obtenido gracias a estos cambios en tu negocio?**

Lo primero me he librado de unos clientes tóxicos y recuperé la confianza en mí misma. Ahora trabajo con el tema de gastronomía que me encanta, he conocido mucha gente nueva que me inspira y apoya a mi proyecto. Además, el *Imperio Freelance* y su comunidad sigue siendo una guía para mi negocio.

**¿De qué manera *Imperio Freelance* ha cambiado tu negocio o tu vida?**

Sobre todo, me ha dado la seguridad y confianza. Teniendo una visión clara y una estrategia digital definida ya no me disperso en proyectos diferentes y sigo avanzando con mi negocio.

**¿Cuál ha sido la mayor sorpresa o el mayor impacto durante todo el proceso?**

La mayor sorpresa ha sido darme cuenta de que soy capaz de hacer mucho más de lo que pensaba.

Quiero agradecer a Laura por su gran trabajo y ayuda a los freelancers como yo a volver a confiar en sus capacidades.

## Por qué deberías buscar tus propios clientes y dejar de trabajar con intermediarios

Es mejor no trabajar para intermediarios como agencias. En todo caso sólo de forma puntual o transitoria.

La realidad es que tener a alguien que te trae proyectos regularmente da mucha seguridad y es muy cómodo, pero trabajar para los clientes de otros no te hará ni libre ni rico.

Yo creo que, si eres freelance, lo mejor es vender directamente tus propios servicios a tus propios clientes. Eso te dará control sobre tu negocio y tus tarifas, y te permitirá cumplir con tus propios objetivos económicos para llegar al estilo de vida de tus sueños.

En el caso de ser freelance para una agencia te conviertes en un subempleado, o lo que es lo mismo, en un esclavo que acepta las condiciones de terceros para que se enriquezcan ellos. A mí la primera opción me cuadra más, ¿no crees?

Pero, trabajar para agencias tendrá algo bueno, ¿no?

¡Por supuesto! Y es lo primero que quiero contarte.

Yo he trabajado con agencias durante bastante tiempo y no me arrepiento para nada. Todo en esta vida son fases y aprendizajes y nada es blanco o negro. Y así lo cuento con más detalle en este artículo de mi blog: www.lauralofer.com/pros-contras-trabajar-agencias-disenador-freelance

Y ahora sí, te quiero contar los motivos por los que yo decidí dejar de trabajar para agencias y siempre recomiendo a mis alumnos centrar su estrategia en trabajar mano a mano con el cliente final:

## 1. Los clientes no son tuyos, son de la agencia

No puedes contactar con ellos para fidelizarlos, pedirles un testimonio sobre tu trabajo ni ofrecerles nuevos servicios después y puede que tampoco lo puedas poner en tu portafolio. Los clientes no te conocen y tampoco te pueden recomendar para trabajos concretos de diseño.

## 2. Puede que trabajes en proyectos de empresas potentes y ni siquiera puedas atribuirte el mérito

A mí me pasó. Trabajé en un proyecto de una empresa petrolífera muy conocida en el norte de España, pero como era a través de una agencia, no tenía permiso para añadirlo en mi portafolio (cosa que me podía haber dado caché frente a otros clientes). Trabajar para agencias significa, en la mayoría de los casos, trabajar como marca blanca: cualquier cosa que hagas para una agencia será atribuido a la agencia y no a tu persona.

## 3. Los procesos se alargan mucho más en el tiempo

Las agencias suelen trabajar muy a medida, con proyectos que implican varias fases y negociaciones largas. Esto te afecta directamente: primero para que aprueben tu presupuesto y segundo porque, una vez aprobado, quizás no sepas cuándo te va a tocar comenzar con tu trabajo y estés retrasando otros proyectos si las fases anteriores a la tuya se alargan y van mal de tiempo.

## 4. Los procesos de toma de decisión y feedback pasan por demasiadas manos

Cuando tenemos intermediarios de por medio cualquier toma de decisión puede ser un proceso muy lento. Primero porque la agencia te da su feedback sobre el trabajo (lo hará el director de arte o el que coordine el trabajo o incluso diferentes partes implicadas dentro de la agencia) y luego el propio cliente sobre las correcciones ya hechas. Muchas veces hay un doble filtro y las decisiones pasan por demasiadas manos y opiniones.

**5. Tienes que presupuestar a medida y no puedes estandarizar tus servicios y procesos**

Como decía en el punto tres, las agencias trabajan con proyectos a medida: un cliente les pide un presupuesto y la agencia analiza todo lo que necesita. Después, crea una propuesta a medida implicando a los diferentes departamentos, empleados o freelancers. De ahí, crean un servicio personalizado con un proceso de trabajo y, con suerte, un calendario concreto.

Hay agencias que te piden directamente un documento Excel con tus tarifas dependiendo de lo que diseñes: un banner cuesta X, una web X, un logo X.

El problema de esto es que las agencias trabajan con clientes de muchos tipos, más grandes o más pequeños. Y, por lo cual, el servicio que requiere cada uno y el impacto de tu trabajo en su negocio puede variar y en consecuencia el precio de tu trabajo.

Yo, sin embargo, estoy muy a favor de tener un catálogo de servicios estandarizado o productizado y trabajar para el cliente final. Esto te permite crear paquetes con unas características de base muy concretas y a partir de ello, realizar presupuestos más a medida añadiendo nuevas opciones. También te permite tener una estrategia de precios establecida que dependa de la solución que ofreces y el tipo de cliente en el que te enfocas.

Conclusión: presupuestos a medida sobre un servicio estandarizado, sí. Servicios a medida inventados para cada cliente, no.

## 6. No tienes realmente el control de tu servicio porque depende de lo que la agencia ofrezca a su cliente

Esto se enlaza con el punto anterior. Cuando trabajas a medida, tanto para agencias como para clientes, no tienes estandarizado tu proceso de trabajo y por tanto tampoco los tiempos de desarrollo.

De esta forma es mucho más difícil calcular cuánto cobrar y el tiempo que vas a tener que dedicar al desarrollo porque muchas veces subestimamos nuestro trabajo si es algo que no hemos desarrollado anteriormente.

Además, en muchas ocasiones, la agencia no traslada correctamente al cliente el número de revisiones permitidas para tu trabajo, los entregables, versiones, formatos y cualquier condición relevante.

Y peor aún, si no te implican en las reuniones con los clientes puede que no comprendas correctamente lo que el cliente necesita porque no tienes una relación mano a mano con él. O viceversa: si son el tipo de agencia y de cliente que tienen reuniones eternas sin sentido continuamente y te implican en ellas, puedes perder muchísimo tiempo y dinero en desplazamientos (si encima son tradicionales y hacen reuniones presenciales).

## 7. Es más difícil subir los precios

Las agencias suelen contar con más de un freelance en la recámara por si uno le falla y, por tanto, aumentar tus tarifas puede resultar mucho más difícil si no quieres que dejen de contar contigo.

Cuando trabajas para un cliente final y te especializas en una disciplina y nicho con unos servicios estandarizados, puedes permitirte aumentar tus tarifas cada poco tiempo. Si empiezas a tener un flujo constante de peticiones de servicios puedes ir haciendo pequeños incrementos en tus presupuestos en cada nuevo cliente para tantear el mercado.

En esos mismos dos años con una buena estrategia de marketing podrás tener un buen posicionamiento como referente y podrás haber incrementado tu tarifa exponencialmente, duplicarla o triplicarla incluso.

## 8. Suelen ajustar mucho los precios para que al cliente no le suba mucho la cuenta y no les rechacen el presupuesto

Las agencias normalmente añaden un porcentaje sobre tu presupuesto para tener un margen de beneficio además del plus de su servicio en sí. Por tanto, si tienen que negociar con el cliente intentarán apretar en los presupuestos de los freelancers y que se los ajusten antes que bajar el precio de su propio margen de beneficio.

Por otro lado, cuando trabajas con un cliente final puedes tener tus propias condiciones de pago y controlar mucho mejor el proceso de trabajo.

Sin embargo, si trabajas para agencias normalmente asumes sus condiciones de pago (aunque puedes negociarlas) y dependes de que el cliente le pague a la agencia para que después esta te pague a ti. Si el cliente no paga, la agencia es posible que no asuma el coste de tu trabajo.

Por eso es importante que las condiciones y las cláusulas de tu trabajo queden bien recogidas en un presupuesto y en un contrato para que estés bien cubierto.

## 9. Ojo con la figura del freelance dependiente

Hay agencias que contratan freelancers por horas, medias jornadas o jornadas completas para que trabajen en los proyectos de los clientes directamente en su oficina. Mucho cuidado con esto.

Trabajar de esta manera te quita todos los beneficios del «formato freelance» y te esclaviza. Si alguien quiere contratarte así o incluso con exclusividad, que te ponga delante un contrato laboral y te pague la Seguridad Social, las pagas extras, el IRPF, las vacaciones o las bajas como a un empleado más. No te dejes engañar por una falsa seguridad. Si una agencia quiere un servicio permanente en su empresa, que te haga un contrato laboral como Dios manda.

## 10. Que una agencia te tenga en cuenta no es fácil

Hay muchos diseñadores freelance que quieren trabajar para agencias y la competencia es brutal igualmente.

Cuando te dicen que es mejor trabajar para agencias porque así te olvidas de hacer labor comercial y te vienen los trabajos solos, no pienses que va a ser tarea fácil.

Labrarte una reputación online y tener tu web es esencial para que te tengan en cuenta y también para que acepten tus precios y entiendan el valor de tu trabajo. Tu portafolio no es en lo único que se van a fijar para elegirte.

No te engañes, elegir cualquiera de las dos opciones, agencias o cliente final, te va a requerir tiempo, marketing y mucho networking.

Ahora te toca decidir a ti.

Ya has leído mis argumentos, ahora decides tú. En mi caso después de probar las dos opciones, tengo claro que, si quiero tener un negocio a mi medida, duradero y que dependa únicamente de mí entonces hay que ser proactivo y conseguir clientes propios sin intermediarios.

Por supuesto también existe un término medio. Puedes crear tu estrategia para trabajar con cliente final y en paralelo, si surge, trabajar con alguna agencia que te traiga algún trabajo de vez en cuando.

## Mi manifiesto para tener un negocio freelance minimalista

Hace tiempo que comencé el difícil proceso de desprenderme de muchísimas cargas materiales y emocionales para llevar una vida más minimalista y así sentirme mejor conmigo misma y con mi entorno.

Antes de hacer la mudanza cuando me independicé en 2016, di un paso más y puse en práctica el método Konmari con el libro *La magia del orden* y es algo que me ha ayudado muchísimo a ordenar mi vida (y no sólo mi casa).

La verdad es que cuando leí el libro me di cuenta de que llevaba los últimos años aplicando ya muchos de sus «principios» a diferentes ámbitos de mi vida personal y laboral. Y eso es así porque hace varios años me sumergí en un proceso de conocimiento personal, transformación profesional y emocional para superar mi estrés y poner en orden muchos aspectos que me habían pasado factura a nivel físico: me diagnosticaron una enfermedad inflamatoria autoinmune.

Todo lo que quiero ahora en mi vida y mi trabajo lo puedo resumir en este texto de «La vida minimal» (que he descubierto hace poco y me encanta porque me siento 100 % identificada con sus publicaciones):

Podríamos resumir por tanto que la filosofía del minimalismo se basa en el menos, es más.

Para mí, el objetivo final de tener mi propio negocio no es forrarme, sino poder vivir a mi manera disfrutando con lo que hago. Y esto mismo se puede aplicar a nuestro negocio como diseñadores freelance obteniendo grandes beneficios, como pueden ser:

- Foco
- Mayor productividad
- Mayor rentabilidad
- Mayor libertad
- Disfrutar más con nuestro trabajo
- Clientes mejores
- Hacer las cosas con menos prisas
- Reducir la ansiedad y el estrés
- Disponer de más tiempo para nosotros

Y estas son mis reglas para el diseñador independiente minimalista:

## 1. Simplifica lo que ofreces en tu negocio

Reduce lo que ofreces y empieza ofreciendo un único servicio principal con el que más disfrutes trabajando (después podrás ampliar con uno o dos servicios complementarios). Yo soy muy pesada insistiendo siempre en la importancia de especializarnos porque el diseño es un mercado hipersaturado.

NO es fácil especializarse y requiere de mucha investigación y, sobre todo, autoconocimiento e introspección, pero te ayudará inmensamente a posicionarte en el mercado como la persona a la que acudir cuando surja X problema y te diferenciará de golpe de la competencia low cost.

**2. Reduce tus clientes actuales y potenciales**

Define un perfil de cliente muy específico con el que disfrutarías más trabajando. No tienes por qué dar presupuesto a cada persona que te pide algo sólo porque eres freelance. Filtra con quién trabajas para que esté alineado con tus objetivos de negocio y que te acerque a mejores oportunidades. Despide a los clientes tóxicos que ocupan tu tiempo y tu espacio mental. Me lo agradecerás.

**3. Una estrategia en lugar de muchas «tácticas»**

Desarrolla un plan de acción con una estrategia global para tu negocio con sistemas para conseguir tus objetivos anuales (X clientes, X ingresos…). No te centres en simples tácticas rápidas que sólo son parches temporales y puntuales como puede ser crear una campaña de Facebook Ads para conseguir likes en tu fanpage.

Sin una estrategia de fondo, hacer algo así no tendrá impacto real en tu negocio ni te ayudará a conseguir tus objetivos y te sentirás frustrado. Tu estrategia de negocio debería tener de base el punto uno y dos de este decálogo para formar una propuesta de valor diferencial.

## 4. Limita tu presencia en redes sociales a sólo una o dos que más aporten a tu negocio

No hace falta que tengas cuenta en Facebook, Twitter, Pinterest, Google+, LinkedIn y todas las nuevas redes sociales que aparezcan.

Si no tienes una estrategia y un plan bien definido para cada una de ellas es mejor que limites tu actividad y presencia a la que más te pueda aportar y donde de verdad se encuentre el perfil del cliente que has definido previamente.

Estar por estar es perder tu valioso tiempo. Es ocupar tu día de trabajo vacío para sentir que estás «promocionando» tu trabajo. Y, en serio te digo, las redes sociales sin una estrategia de base son poco productivas.

## 5. Reduce las actividades de la agenda

Empieza a eliminar todo lo que no sea importante y con lo que realmente no disfrutes. Haz networking asistiendo a eventos, pero ¡no te apuntes a todos! Elige los que de verdad te van a aportar algo: ampliar tu red de colaboradores, proveedores o posibles clientes.

Piensa bien las colaboraciones y jaleos en los que te metes. Somos creativos y nos encanta aprender y estar en todos los proyectos que nos presentan. «¡Vamos a montar una tienda de camisetas y nos repartimos beneficios!», «¡Vamos a crear una revista online sobre diseño y a forrarnos con los banners de publicidad!», «¿Nos tomamos un café y te cuento mi nuevo proyecto y cómo podríamos colaborar?».

Antes de reunirte con alguien, colaborar o meterte en un side-project con otra persona piénsatelo dos veces. Tu negocio es lo primero y todo lo demás te va a quitar tiempo para hacerlo rentable si no va directamente alineado con lo que haces y dónde quieres estar a medio/largo plazo.

## 6. Acepta menos clientes a la vez para dedicarte de lleno a cada proyecto

Calidad y no cantidad. Es mejor tener menos proyectos a la vez y, en todo caso, reservar hueco en la agenda para próximos clientes. Así podrás dedicar el tiempo necesario a cada trabajo para dar un servicio de mayor calidad.

Esfuérzate por encontrar proyectos más rentables y deja de ofrecer presupuestos a gente que te pide minijobs en plan «quiero una tarjeta de visita» o «quiero un banner para mi web». Los minitrabajos están destruyendo tu negocio. Es imprescindible saber decir NO.

## 7. Márcate tres miniobjetivos al día

Si tienes un gran objetivo y no lo desglosas en pequeñas tareas asumibles, nunca lo alcanzarás porque lo verás demasiado grande y te agobiará. Plantéate objetivos diarios, semanales y anuales y desglósalos en pequeñas tareas que puedas cumplir al día.

Tacha tres miniobjetivos diarios que te ayuden a alcanzar los grandes objetivos de tu negocio. Trabaja por objetivos y no por horas. A mí esto es algo que todavía me cuesta porque siempre hay algo que hacer.

Si esto también te pasa, ponte una hora límite en la que cierres el ordenador hasta el día siguiente SÍ o SÍ. Reduce la cantidad de tareas diarias y elimina lo innecesario (que muchas veces son tareas que te autoimpones para llegar antes a todo) y quédate con las tareas diarias más importantes y da plazos más largos a tus clientes. Y, sobre todo, DESCANSA.

El descanso es fundamental para ser creativos y funcionar.

## 8. Desinfoxícate y elimina distracciones

Reduce tus suscripciones por email y deja solo las newsletters que realmente te ayudan con tus objetivos: unroll.me (gracias, Laura Ruiz, por el dato) te puede ayudar a saber en qué estás suscrito y darte de baja de manera masiva.

Por otro lado (más personal), yo por ejemplo hace mucho que decidí no ver las noticias (directamente no veo la TV, solo estoy enganchada a Netflix ja,ja) ni tampoco leo periódicos.

Y, por cierto, esto no me hace menos empática, ni irresponsable con las desgracias del mundo, ni estoy aislada de la sociedad como algunos podrían pensar. Me entero de lo importante y si quiero profundizar en algo leo y contrasto diferentes fuentes.

¡Desinfoxícate y consume información de manera consciente!

## 9. Despeja tu lugar de trabajo

Tanto si trabajas en casa, coworking u oficina es importantísimo que tu escritorio y espacio de trabajo estén ordenados y despejados. Aplica un sistema como el de Konmari donde cada cosa tenga su sitio y en donde guardes después de usar.

Sólo hace falta que compruebes el efecto del orden por ti mismo: coge los papeles que tengas en la mesa, clasifícalos y guarda/tira hasta que no quede nada. Una mesa vacía con lo estrictamente necesario te ayuda a concentrarte mejor, conseguir energía y foco y eliminar bloqueos creativos.

## Los seis culpables por lo que los clientes no te valoran como freelance

Cuando das el difícil paso de ponerte por tu cuenta como freelance lo haces con la clara intención de dejar de trabajar para un jefe y tener una vida más flexible de la que tú seas el dueño.

Lamentablemente, esa flexibilidad se vuelve en tu contra y, no solo acabas trabajando más horas de las que trabajabas en tu oficina, sino que además estás a los pies de unos clientes que se creen tus jefes. Entonces, si mis clientes son malos clientes, ¿de qué sirve tanto esfuerzo?

Quieres tener la capacidad de elegir con quién trabajar, pero sólo tienes en mente el dinero que entra ese mes en tu banco.

Y en este punto es en el que fallan la mayoría de los freelancers. Incluso los que ya tienen presencia online y carga de trabajo para meses como me pasó a mí.

Todos creen que deben atender a cualquier cliente que venga pidiendo presupuesto, aunque sea un trabajo cero rentable, y por eso no consiguen llegar a mejores clientes y aumentar sus tarifas.

Y la pregunta que se hacen es: ¿Por qué los clientes no valoran mi trabajo?

Te voy a contar el motivo por el que trabajas con clientes tóxicos. Te voy a contar por qué metes tantas horas, incluso los fines de semana, por un sueldo mísero. Te voy a explicar por qué no consigues trabajos grandes en proyectos molones.

A continuación, te presento los que yo considero los seis culpables de tu agonía como freelance:

## 1 – No sabes en qué eres mejor que otro freelance

Si no analizas en qué destacas ni lo potencias, ¿cómo quieres que los demás te valoren si tú mismo te presentas como un diseñador cualquiera?

Tienes que encontrar en qué te diferencias de los demás competidores para ganar ventaja en el mercado tan saturado de los diseñadores freelance y definir tu propuesta de valor.

La mejor manera puede ser convertirte en un experto en una disciplina. Eso está muy bien, pero lleva su tiempo así que algo mucho más efectivo e inmediato es especializarse en un nicho de mercado.

Por ejemplo: «Diseñador web en WordPress para restaurantes» vs. «Diseñador web generalista».

Un restaurante preferirá ir donde ti que donde un diseñador generalista porque confiará en que tú conoces mejor su situación y le ayudarás mejor a resolver sus problemas.

Eso es una diferenciación inmediata y además ayuda a aumentar tus tarifas.

## 2 – No sabes quién es tu cliente ideal

¿Cómo vas a saber dónde buscar buenos clientes si no tienes definido lo que es para ti el cliente de tus sueños?

Primero tienes que analizar a quién te quieres dirigir porque si no, te estás vendiendo a todo el mundo y a nadie en concreto. Estás matando moscas a cañonazos.

Y después de saber con quién quieres trabajar entonces tendrás que plantearte rechazar a los que no cumplan esos requisitos.

Sé que es difícil, pero si aceptas todo lo que te viene, ¿en qué momento dejarás de hacerlo para dejar hueco a los clientes de calidad?

Si te das cuenta quizás hayan pasado seis meses y estás como antes. O peor, igual llevas dos años aceptando trabajos cutres por ganar unos euros esperando a que por arte de magia lleguen un cliente «gordo» que te ayude a salir del bucle. Malas noticias, eso nunca pasará si sigues aceptando trabajos que no te convienen.

### 3 – Sigues buscando trabajo en marketplaces freelance

Si lo único que haces para encontrar clientes es entrar en Twago, Fiverr o cualquier otro marketplace donde se encuentra mano de obra barata, entonces lo que te vas a encontrar son clientes que eligen por precio y precisamente buscan mano de obra barata.

Regateos en el precio, poca implicación por parte del cliente, imposición de su criterio… En definitiva, otro trabajo mal pagado NO digno de publicarse en tu portfolio. Si tu idea es tener un negocio de éxito a medio plazo, olvídate de buscar proyectos low cost.

Valora tu trabajo y busca clientes que de verdad lo valoren.

### 4 – Sales a vender a puerta fría

Buscas clientes tocando la puerta de comercios que no necesitan ni aprecian tu trabajo como diseñador.

¿Por qué intentas vender una web a alguien que no cree que la necesite?

¿Por qué quieres vender un logo a alguien que ni siquiera te conoce?

La puerta fría es una estrategia comercial clásica, pero si no sabes cuál es el proceso correcto, no intentes hacerlo porque estarás perdiendo el tiempo.

No tienes un equipo de ventas y teniendo un negocio personal ese tiempo está mejor aprovechado en otro tipo de estrategias más efectivas hoy en día. Invierte tu tiempo en desarrollar una buena estrategia online sin dejar de lado el networking.

## 5 – Pasas de tu web

Creaste una web en Wix o similar por tener presencia online y la dejaste olvidada. No cuidas tus textos; y menos aún, están enfocados a llamar la atención de tu cliente ideal. No tienes una página detallada con los servicios que ofreces.

Tu portafolio está desactualizado y pones hasta tus peores trabajos sólo para que se vea cantidad (en lugar de calidad).

Así no generas confianza y pareces poco profesional. No me cansaré de decirlo, tu web es tu carta de presentación así que debería ser la mejor de tu portfolio. Tenlo muy en cuenta.

## 6 – Pasas presupuestos rápido o das tus precios por teléfono

Bueno, ni qué decir que deberías atender y responder a todas las peticiones, aunque sea para dar un no por respuesta y de paso recomendar a otro colega.

Estuve pidiendo presupuestos hace unos meses para la grabación y edición de los videos de mi programa formativo *Imperio Freelance* y de todos los emails que envié solo recibí cuatro respuestas. Triste…

Algunos freelancers no contestan, otros dan el precio directamente en el email de respuesta en plan estándar y muchos, la gran mayoría (yo antes así lo hacía) ni si quiera conciertan una pequeña reunión, aunque sea por Skype, para que el cliente potencial les conozca y puedan escuchar sus necesidades antes de pasar un precio.

Que sepas que simplemente escuchando y haciendo ver al cliente potencial que te preocupas por lo que necesita puedes conseguir que tus presupuestos aceptados aumenten considerablemente incluso con precios bastante más altos que tu competencia.

Para que te valoren tienes que ser profesional en tu negocio.

En resumen, tienes que salir de una vez de esa fase inicial en la que todos comenzamos pasando presupuestos baratos a conocidos y amigos de amigos.

Ponte las pilas para demostrar que tienes un negocio de verdad y no eres un freelance aficionado que trabaja para conseguir un extra «haciendo dibujitos».

## 7 – Cuánto me va a costar implementar este nuevo enfoque en mi negocio

Juntando esas tres etapas de emprendedora a jornada completa usando el sistema prueba-error pasaron dos años aproximadamente hasta que toqué fondo y abrí los ojos, y empecé a formarme e investigar para cambiar todo mi negocio.

Pero tú no tienes que pasar por todo ese proceso porque la metodología que te estoy ofreciendo—y que es la que sigo ahora mismo en mi negocio y en mi programa formativo *Imperio Freelance*— la puedes poner en marcha y ver los resultados en menos de seis meses y, así, ahorrarte toda la frustración por la que pasé yo.

Eso sí, todo va a depender de cuánto tiempo puedas dedicar cada día a implementar todo lo que te propongo. Y si puedes permitirte deshacerte de alguno de tus clientes que te roban tiempo y pagan poco para avanzar más rápido, pues mejor.

Yo en tu lugar reservaría todos los días una hora. Te la puedes quitar de ver la televisión, por ejemplo. Así puedes empezar a construir tu negocio desde la base, pasito a pasito, definiendo primero tu propuesta de valor, tu cliente ideal y empezando a trazar el esqueleto de tu primer servicio productizado. Recuerda, es un proceso con varias etapas y es importante empezar desde los cimientos y no saltarse ningún paso.

Imagino que también te estarás preguntando cuánto te va a costar en dinero implementar mi metodología y no sólo en cuestión de tiempo.

Hoy en día tenemos la suerte de que la tecnología está al alcance de todos y además es muy asequible. Te voy a enumerar el coste de cada herramienta que considero imprescindibles para arrancar:

- Dominio y hosting: unos 100 €/año. Yo lo tengo con Webempresa.
- Web (dependerá de si la haces tú o contratas a un profesional): desde 40-50 € que vale una plantilla de Themeforest a entre 700-2000 € (o más dependiendo de tus necesidades y presupuesto) que te puede costar contratar un diseñador web.
- Mailchimp: gratis hasta 2000 suscriptores y después desde 10 €/mes.
- Quadernoapp: desde 29 € o desde 49 € si quieres que te incluyan la asesoría contable/fiscal y tenerlo todo junto

- Paypal: se llevan una pequeña comisión por cada cobro recibido. No es imprescindible para cobrar por tus servicios, pero si vendes servicios productizados y además recursos online o infoproductos te puede venir muy bien.

Como puedes ver, no estoy hablando de una gran inversión.

Yo no conozco a ningún diseñador freelance que haya podido transformar su negocio y lo haya petado partiendo de cero en tres meses y encima sin ayuda de ningún mentor ni de un programa formativo.

Si se diera el caso yo creo que sería más por suerte que por otra cosa porque todo lo que te estoy contando lleva su tiempo y sus procesos. La idea es que dejes de leer blogs sobre marketing y negocios freelance, y pases a la acción de una vez por todas haciendo todos los días un poquito.

La metodología que encontrarás detallada en mi libro funciona tanto si eres un diseñador freelance dependiente de un solo cliente, como un freelance novato sin visibilidad y con clientes puntuales, o si llevas ya tiempo en este mundillo pero tu negocio está estancado o en declive.

Puedes conseguir tener un negocio de diseño de éxito y posicionarte como un referente en el mercado y así tener un montón de opciones para poder elegir con quién trabajar.

## CASO DE ÉXITO: Eva Bernabé

Alumna del Programa Formativo Imperio Freelance
www.marketingenpersona.com
Consultora de marketing para sector del vino

**¿Qué te motivó a hacer cambios en tu negocio y a implementar una estrategia de marketing?**

Quería crear un negocio diferente, profesional y ganador. Buscaba poder disfrutar trabajando en proyectos realmente interesantes y con clientes que valoran mi trabajo y confían en mí. La idea de especializarme en un sector me encantó. Opté por el sector del vino porque en España hay un gran número de bodegas que con una buena estrategia de marketing podrían crecer y mejorar la rentabilidad de sus negocios. Así puedo ayudar a revalorizar sus vinos para aumentar su precio, mejorar su posicionamiento a nivel mundial y llevar a España dónde tiene que estar, ser uno de los primeros exportadores de vino en valor, no en volumen.

**¿Cuánto tiempo tardaste en implementar los cambios propuestos en *Imperio Freelance*?**

Cinco meses.

**¿Qué resultados has obtenido gracias a estos cambios en tu negocio?**

He podido poner en marcha mi negocio, conseguir visibilidad y atraer clientes del sector vinícola de calidad en un tiempo récord: apenas dos o tres meses. Además, gracias a la estrategia y sistema que estoy implementando puedo elegir los proyectos que realmente me resultan atractivos y motivadores para disfrutar más de mi trabajo, para aprovechar mejor mi tiempo y para tener un negocio rentable y más escalable. Por otra parte, estoy consiguiendo algo realmente importante: las bodegas y empresas vinícolas confían en mí y valoran mi trabajo.

**¿De qué manera *Imperio Freelance* ha cambiado tu negocio o tu vida?**

Gracias a seguir una buena estrategia y trabajar con un conjunto de acciones programadas y un sistema automatizado para la captación de clientes, vivo mucho más relajada y segura de que todo está en marcha incluso cuando cojo unos días de vacaciones o tengo que tomarme unos días para asistir a eventos, formación...

**¿Cuál ha sido la mayor sorpresa o el mayor impacto durante todo el proceso?**

Poder contar con la confianza de las bodegas y empresas vinícolas. Eso me permite trabajar con ellas en equipo y lograr mejores resultados para ellas.

CAPÍTULO 2:
___

# POSICIONAMIENTO EN EL MERCADO

## Freelance generalista vs. especializado

Tanto en el mundo del diseño como en el del marketing hay un denominador común: una saturación de la oferta de emprendedores ofreciendo servicios de diseño y/o de marketing.

Cada vez hay más profesionales que actúan como navajas suizas: hacen de todo y ofrecen servicios generalistas como si fueran una agencia. Entre sus servicios podemos encontrar de todo: desde servicios de social media, diseño web…

Todo ello se traduce en que la línea entre profesional y profesional se diluya y no esté clara. Por lo tanto, los clientes al no saber qué opción es mejor, acaban eligiendo por precio.

Así pues, este es el inicio de una guerra de precios que hace que los profesionales bajen sus tarifas para competir y por tanto se reduzca la percepción del valor de nuestro trabajo.

O lo que es lo mismo: que me digas que los clientes no valoran tus servicios de diseño.

Esto es algo que no he inventado yo, pero creo que es importante que te remarque, una vez más, la necesidad y la importancia de especializarte para diferenciarte de la competencia.

De hecho, yo misma lo aplico a mi negocio al igual que otros muchos profesionales como Renée Mauborgne y W. Chan Kim, escritores del libro de culto *La estrategia del océano azul*.

¿Y cuál va a ser el primer paso para hacer que tu trabajo sea valorado, puedas poner unos precios decentes y los clientes los paguen con una sonrisa? Lo has adivinado: ESPECIALIZARTE.

Te puedo afirmar desde mi caso concreto que, gracias a especializarme y ayudar a un colectivo concreto (los diseñadores freelance y agencias creativas) con estrategias de marketing para que puedan subir sus tarifas y consigan mejores clientes, mi negocio ha cambiado por completo: he ganado visibilidad, me he diferenciado de la multitud de profesionales del mercado, he subido mis precios y he conseguido foco para crear estrategias efectivas en mi negocio. El problema de ser generalista no es el hecho de serlo. De hecho, si estás empezando en este mundillo, todavía no tienes clientes, has trabajado con pocos o si quieres trabajar en una agencia por cuenta ajena no es mala opción. Yo misma empecé generalista y eso me ayudó a saber mejor después cómo encontrar mi especialización.

El problema de ser generalista es que tratamos de complacer a todo el mundo con nuestros servicios y en realidad lo que conseguimos es matar moscas a cañonazos y terminamos rebajando precios para conseguir nuevos proyectos. Muchos piensan que, si ofrecen sus servicios a todo el mundo, tienen más posibilidades de conseguir clientes. Pero esto es totalmente falso: cuanto más grande es el mercado al que te diriges, más competencia existe y más invisible te vuelves.

Y ahí es donde se inician todos tus problemas porque tus clientes te eligen por precio, te piden descuentos, te comparan con diseñadores baratos y tienes una competencia brutal (si buscas «diseñador gráfico freelance» en Google tienes +500 000 resultados, con «diseñador web freelance» son +890 000).

Después de lo que te acabo de contar intuirás la respuesta. Cuando hablo de un mercado específico, me refiero no solo a especializarte en una disciplina concreta dentro del diseño, sino que, además, me refiero a reducir tu alcance a un colectivo o segmento de mercado concreto al que ayudar con tus servicios.

Y estos son los beneficios directos de hacerlo:

- Reduces tu competencia, te diferencias de esa grandísima masa generalista y te hace único.
- Te ayuda a aumentar tus precios y cerrar más ventas.
- Te ayuda a posicionar tu marca correctamente: serás la persona a la que acudir en ese mercado más pequeño.
- Tienes foco y un mensaje específico que mostrar al mercado.
- Conectarás mucho mejor con ese colectivo, conocerás mejor sus problemas y llamarás mejor su atención para ayudarle a resolverlos con tus servicios.
- Invertirás mejor tu tiempo y tu dinero en marketing y publicidad.
- Conseguirás mayor visibilidad más rápido.
- Es mucho más fácil saber dónde están tus clientes potenciales y qué acciones realizar para que se interesen por tu trabajo.
- Es más sencillo explicar los beneficios directos de tus servicios cuando conoces el problema que resuelven.

Esto no es algo que diga yo, de hecho, lo aplico a mi negocio y mis grandes referentes en el mundo del freelancing y emprendimiento unipersonal como Brennan Dun, Liam Veitch o Franck Scipion también lo recomiendan firmemente.

Si un diseñador o una agencia creativa generalista quiere aumentar las tarifas o conseguir mejores clientes, la manera de conseguirlo es aportar más valor con su trabajo y cobrar en consecuencia.

Para aportar más valor y, por ende, poder aumentar los precios, es necesario tener una buena estrategia de marketing.

Dentro de esta estrategia se incluirán: una web y un blog que servirán de escaparate de tu valor, afinar tus procesos creativos o mejorar el workflow y características de tus servicios, entre otros.

Además, deberías poder ofrecer un servicio cada vez más especializado para posicionarte como un experto en la materia.

Sin embargo, posicionarse como el mejor diseñador de logotipos o el mejor diseñador web es muy difícil porque requiere de muchísimo tiempo y años de experiencia.

Por eso, para poder desarrollar ese aporte de valor superior lo más rápido posible, la mejor manera de hacerlo es limitando tu rango de actuación a un tipo de clientes concreto y entendiendo sus problemas específicos a los que puedes dar solución con tus habilidades.

De esta manera, tienes mucho más valor que ofrecer a este colectivo porque conoces su contexto, conoces sus problemas y objetivos en detalle y, además, al tener foco puedes conseguir experiencia y mejorar tus habilidades mucho más rápido.

Por ejemplo, en lugar de desarrollar webs en WordPress para emprendedores, piensa en desarrollar webs para psicólogos que necesitan aumentar la reserva de citas online.

En lugar de diseñar logos para autónomos y pymes, piensa es rediseñar la identidad visual de restaurantes que necesitan renovarse para llegar a una clientela más joven.

En lugar de ofrecer marketing online para empresas, céntrate en desarrollar campañas de AdWords para escuelas de negocios que necesitan captar más alumnos reduciendo el coste del lead.

Esto son solo ejemplos improvisados, pero seguro que así entiendes mejor por dónde van los tiros.

# Cinco barreras mentales que te impiden especializarte

Da igual que te cuente todos estos beneficios de especializarse porque sé de sobra que los miedos y las barreras mentales aparecen cuando de cambios drásticos se trata.

¿Cuáles son las principales barreras mentales y miedos que aparecen cuando hablo con otros profesionales, con mis alumnos de Imperio Freelance o con los miembros de mi grupo de Facebook de la idea de especializarse?

**1 – Me cerraré puertas y perderé clientes**

Sí, vas a perder clientes que ya no cumplan con tus nuevos objetivos o no tengan el perfil al que vas a ayudar con tu nuevo planteamiento.

Especializarse significa ser selectivo, tener disciplina y saber cuándo decir no a un cliente, aunque te venga muy bien el dinero. Significa mirar tu negocio a largo plazo y dejar de pensar en aceptar cualquier trabajo, aunque no sea rentable. Será muy difícil hacerlo si tienes pocos ahorros o margen de maniobra. Ten muy en cuenta esto, lo que cuento no vale para todos.

Es así, no te voy a mentir. Es difícil y no es algo que pueda permitirse todo el mundo. Yo misma tengo que decir que no a muchas propuestas que ya no van alineadas con mi negocio, aunque sepa que puedo ayudarles también.

Se cierran puertas sí, pero por otro lado se abren grandes ventanas. Te liberas de los clientes «malos» y dejas hueco para los buenos, los que pagan tus tarifas altas y confían en tu experiencia y tu trabajo.

Pasas a formar parte de un mercado mucho más rentable y dispuesto a contratarte a ti porque conoces y solucionas sus problemas específicos. Si tuvieras un problema grave de salud, ¿acudirías al médico de cabecera o pagarías lo que estuviera en tu mano por acudir a un especialista? Yo tengo una enfermedad autoinmune y llevo varios años de tratamiento por la vía privada con el mejor especialista de Bilbao.

Cuando tienes un gran problema que solucionar no te andas con tonterías, buscas al mejor, aunque valga más caro. Este médico tiene menos clientes, pero los que tiene pagan sus tarifas sin rechistar.

Y lo mismo pasa en nuestro sector, si te posicionas como la persona a la que acudir porque soluciona problemas específicos con un servicio especializado llegarán a ti clientes dispuestos a contratar tus servicios.

## 2 – Me aburriré, me divierto más haciendo de todo

Yo estoy hiperespecializada. Me dedico a asesorar a diseñadores freelance y agencias creativas en concreto, y te aseguro que no me aburro. Al contrario, cuanto más profundizo en la materia más aprendo, más veo lo grande que es este universo y todo lo que me queda por aprender.

Es habitual tener miedo y pensar que si te especializas te aburrirás con tu trabajo rápidamente porque estás reduciendo el alcance de lo que haces. Y porque crees que estarás haciendo las mismas tareas o trabajando para proyectos parecidos continuamente.

Pero eso no es así para nada. De hecho, sigo aprendiendo y formándome en multitud de áreas, pero con un objetivo concreto y no de manera aleatoria marcada por los impulsos.

Especializarse significa tener foco y poder profundizar cada vez más en una materia y/o colectivo concreto para solucionar cada vez mejor y más rápido los problemas que resuelven tus servicios. El reto es poder solucionar problemas similares de diferentes maneras.

Todo lo nuevo que aprendo va en dos direcciones concretas: por un lado, mejorar mis servicios y mis cursos; y, por otro lado, hacer crecer mi negocio.

Nuestro colectivo se caracteriza porque somos personas creativas e inquietas que buscamos nuevas maneras de experimentar y divertirnos diseñando. Yo soy la primera que ha probado multitud de disciplinas y que se forma continuamente en temas creativos.

De hecho, ahora en mi tiempo libre voy una vez a la semana a clase para aprender a dibujar con lápiz y pintar con acuarela. ¡Soy un culo inquieto y me encanta aprender cosas nuevas! Eso nunca dejará de ser así.

## 3 – No soy lo suficientemente bueno en nada

Ay… Mi querido síndrome del impostor que siempre aparece para fastidiar…

¿Piensas que no vas a estar a la altura, que eres un fraude y no eres lo suficientemente bueno? No te preocupes, es normal, yo también me siento como una impostora a veces.

Esta barrera mental sin duda es una de las más difíciles de superar y de las que más afecta a tu negocio porque te limita y acabas trabajando por debajo de tu potencial.

No nos confundamos, especializarse no significa autoproclamarse experto. La experiencia, el tiempo y los testimonios de tus clientes te posicionarán en el mercado como tal, pero creo que pensar en que tienes que ser un experto desde el principio es un error.

Fíjate que cuando eres generalista estás continuamente enfrentándote a nuevos servicios que quizás no has llevado a cabo nunca y, en ese caso a la mayoría de los freelancers que conozco no les importa, lo ven como un aprendizaje.

Pero es un aprendizaje con el que, a pesar de que conoces nuevas disciplinas (cosa que está muy bien), pierdes tiempo y valor ya que pocas veces lo puedes reutilizar porque cada nuevo proyecto es muy diferente al anterior y tienes que volver a empezar de cero.

Con cada nuevo cliente y nuevo reto eres un novato en la materia. Realmente no avanzas porque siempre te enfrentas a nuevos servicios diferentes entre sí. Esto tampoco te permite estar actualizado de todo lo que ofreces.

Si ya es difícil estar actualizado con las novedades de WordPress o nuevas funcionalidades de los diferentes plugins, imagínate si añades estar a la última en SEO, en branding, en Facebook Ads, en packaging y en todos los programas de diseño… Es una carga muy grande y es imposible saberlo todo de cada área. Al final, sabes un poquito de cada cosa, pero no sabes mucho de nada.

En cambio, cuando te especializas, esa curva de aprendizaje se reduce mientras avanzas. Aprendes mucho más rápido a lidiar con los problemas de tus clientes y tu confianza aumenta en consonancia

**4 – Tendré que empezar de cero. No tengo portafolio en ese nicho**

Lo ideal sería analizar los proyectos en los que has trabajado desde que comenzaste en el mundo del diseño, tanto con clientes propios como en trabajos por cuenta ajena, y extraer de ahí un nicho en el que te interese enfocarte.

Pero también puede darse el caso de que elijas un nicho que te interese, pero en el que no has trabajado nunca. Lógicamente tendrás más trabajo que hacer para generar confianza en los clientes potenciales.

Lo que puedes hacer es conseguir testimonios de tus clientes antiguos para añadirlos a tu web, escribir en tu propio blog dando mucho contenido de valor, redactar muy bien tus servicios enfocados al nuevo mercado y ser transparente con tus primeros nuevos clientes explicándoles que te interesa este sector y que estás comenzando ahora con este nuevo planteamiento de negocio.

Incluso cuando hables con clientes potenciales, si te piden referencias puedes remitirlos a tu antiguo portafolio para que vean tu trabajo, aunque no sea del nicho concreto, hasta que tengas un portfolio en tu nueva web con el nuevo planteamiento.

También puedes crear tus propios diseños de ejemplo y añadirlos a tu nuevo portfolio. No obstante, un portfolio no tiene por qué estar compuesto solo de trabajos pagados. Puedes realizar uno o dos pequeños trabajos gratuitos y de manera excepcional. También puedes ofrecer un descuento o, incluso, participar en un intercambio de servicios con clientes seleccionados previamente a cambio de un testimonio o de la redacción de un caso de éxito para tu blog.

**5 – Los clientes no quieren que trabajes para su competencia**

Algunos freelancers me cuentan que hay sectores donde los clientes llevan estrategias de marketing agresivas (de SEO por ejemplo) donde es habitual que los clientes les pidan firmar una cláusula que no te permite trabajar con empresas del mismo sector.

¿Por qué? Por miedo a revelación de supuestos secretos muy valiosos.

Sinceramente, a mí no me interesa trabajar con este tipo de empresas y no recomiendo firmar ese tipo de condiciones ya que están coartando tu libertad para trabajar con quien tú decidas en tu negocio. También hay empresas que te piden exclusividad como freelance para que solo trabajes con ellos.

Al igual que te encuentras con clientes que no quieren a gente especializada o te encuentras con clientes que no trabajan con freelancers y prefieren agencias, también existen los clientes que sí valoran que tengas experiencia en el sector, estés especializado y lo conozcas bien desde dentro para poder dar un mejor servicio.

Nuestro trabajo es crear una buena estrategia de negocio para llegar a ese último tipo de clientes.

Firma un contrato de confidencialidad con tus clientes para darles seguridad si esto te preocupa, pero no recomiendo nunca trabajar con gente que te exige exclusividad y no te permite decidir con quién trabajas en tu propio negocio.

El problema es que quizás esto provoque que pienses que has elegido mal tu especialización.

En realidad, no basta con especializarse y esperar a que los clientes lleguen por arte de magia… ¡Ya podía ser así de fácil! Aquí lo que falla es no tener implementada una estrategia de marketing de atracción de clientes potenciales y no el hecho de especializarse en sí mismo.

No puedes cambiar la percepción que tienen tus clientes de ti de la noche a la mañana. No es tan simple como especializarte y empezar a cobrar más así porque sí.

Deberías empezar a hacer algunos cambios en tu negocio: definir muy bien qué haces y a quién ayudas, crear un servicio paquetizado y describir muy bien los beneficios de éste y los problemas que solucionas con él, mejorar tus reuniones y presupuestos, mejorar tu web y crear un blog que te ayude a ganar autoridad y visibilidad, dejar de anunciarse en marketplaces freelance como Fiverr, Workana, Freelancer, Upwork o portales similares para empezar a crear tu propia estrategia de atracción de clientes.

## 6 – Elegir una especialización equivocada

Puedo decirte que elegir en qué especializarse es lo más difícil de todo el proceso. Y no te lo digo yo, seguro que si preguntas a mis alumnos de *Imperio Freelance* te dirán lo mismo. En el curso dedico un módulo entero a esto y, de hecho, contiene ejercicios que requieren de una reflexión e introspección profunda que añadí después de haberme empapado de libros especializados y cursos sobre el tema[1].

Cuando nos metemos en faena y analizamos todos los factores implicados para tomar la decisión e investigamos el mercado, aparecen también los bloqueos y las indecisiones.

Todos tenemos miedo de equivocarnos y a elegir un mercado que no sea rentable. Si vamos a hacer un cambio tan grande

---

1  En mi investigación para seguir aprendiendo y profundizando sobre branding y posicionamiento en el mercado he estudiado, entre otros muchos libros y cursos, el fantástico libro de Philip Morgan *The Positioning Manual for Technical Firms* donde habla en profundidad de todo esto. No es un libro específico para diseñadores freelance pero hay muchas cosas que se pueden aplicar en nuestro caso.

en nuestro negocio, lógicamente queremos garantías de que vamos a ir por el camino correcto.

Desgraciadamente nadie te puede asegurar que un negocio funcione. No podemos sacar una bola de cristal y preguntar si ese nicho te contratará. Hay muchísimos factores en juego para que un negocio sea un éxito o un fracaso.

Lo que sí podemos hacer es analizar nuestro historial, investigar el mercado, hablar con clientes potenciales y pre validar nuestra elección para reducir el riesgo. Después tendrás que implementar una buena estrategia de marketing para ganar visibilidad en el mercado y, según dice mi querido Franck Scipion, si tras seis meses con este nuevo enfoque no hay resultados, entonces plantéate pivotar y elegir otro nicho.

## Cómo encontrar tus puntos fuertes y elegir tu especialización

La mayoría de los diseñadores o agencias creativas ofrecen sus servicios basados en todos los conocimientos que tienen sin centrar su oferta en unas habilidades concretas (aunque de unos campos controlen mucho y de otros lo básico): diseño web, SEO, fotografía, ilustración, 3D, retoque fotográfico, copywritting, animación, infografías, logos, community management… Un popurrí, vamos.

Ser una navaja suiza está bien cuando quieres que te contraten por cuenta ajena porque buscan perfiles multidisciplinares para ahorrarse contratar a más de un empleado. Y también está muy bien para aplicar los conocimientos a tu propio negocio.

Como ya te he comentado antes y no me cansaré de insistir, el problema de esto es que siendo un diseñador generalista ofreciendo de todo, tienes una competencia brutal y tus clientes potenciales te pedirán presupuestos buscando el mejor precio.

Pensamos erróneamente que, ofreciendo más servicios como si fuésemos una agencia integral, tendremos más o mejores clientes y es algo que precisamente puede crear el efecto contrario.

Cuando no tenemos experiencia suficiente en cada disciplina y servicio que ofrecemos, el resultado es mediocre y con cada nuevo proyecto empezamos de cero. Por eso lo mejor que podemos hacer es centrarnos en una habilidad o tipo de servicio concreto y trabajar para ser los mejores en ello.

Si te centras en una disciplina más concreta podrás perfeccionar mucho más rápido tu técnica y tus servicios, y de esta forma optimizarás cada vez más también tus flujos de trabajo.

### Tres formas de especializarse

Existen muchas maneras de hacerlo, pero yo te lo voy a resumir en tres:

1. **Especialización por disciplina/tecnología** (también llamado mercado horizontal).

   Nos centramos en ofrecer un servicio concreto especializado que resuelve un problema estratégico económicamente valioso para el cliente.

   Ejemplo: *«Diseño web especializado en reservas online»*. En este caso es una solución específica que sirve para nutricionistas, médicos, hoteles, restaurantes, abogados y otro tipo de negocios.

Otros ejemplos son: *«Diseño gráfico de infografías explicativas», «Diseño de logotipos con lettering»,* otro que no es de diseño *«Copywriting de páginas de venta».*

Como ves, con esta opción no importa el sector o colectivo del cliente, sino que hablamos de cubrir una necesidad muy concreta.

**Inconvenientes de la especialización por disciplina/ tecnología:**

Esta opción puede parecer a simple vista la más sencilla pero realmente es la más complicada de las que te voy a proponer. A la hora de encontrar tu diferenciación con un servicio concreto sin caer en lo que hace todo el mundo tendrás que investigar muchísimo y ser muy perseverante.

Otra parte negativa es que a la hora de definir a tu cliente ideal te costará mucho más acotarlo y, por tanto, será más difícil crear una buena estrategia de marketing y de contenidos.

Por otro lado, si eliges una especialización tecnológica, que también es factible, tiene su riesgo porque piensa que puede pasar como pasó con las webs en Flash. La tecnología tiene el peligro de pasar de moda o dejar de existir, pero es otra opción posible para posicionarte en el mercado.

**2. Especialización por industria, sector o colectivo (también llamado mercado vertical)**

Nuestro negocio se centra en un tipo de cliente concreto filtrado por industria, por sector, por profesión, colectivo o tipo de servicios/negocio.

Por ejemplo: «Diseño gráfico y web para contables y asesorías», «Marketing para abogados», «Copywiting para traductores e intérpretes», «Diseño gráfico para negocios eco friendly», «Diseño web para entidades y asociaciones deportivas», «Ilustración para libros infantiles», «Diseño gráfico para bares y restaurantes», «Diseño gráfico para profesionales de la transformación personal», «Diseño web para asociaciones para el cambio social», «Diseño gráfico para eventos y congresos» …

Como ves, no es necesario que sea un sector de mercado concreto, la idea es encontrar un colectivo al que ayudar que tenga unas características comunes y se pueda nombrar con una «etiqueta» que lo describa.

¡¡Pero ojo!! Elegir un mercado no es suficiente. Es absolutamente necesario acotar tus servicios para ofrecer una solución concreta a tus clientes potenciales y no vender servicios de todo tipo.

Nada de venderte como diseñador + community manager. ¡NUNCA! Así arruinarás tu posicionamiento de marca. Céntrate en una disciplina, profesión o tipo de servicios, como lo quieras llamar. Queremos que el mercado te reserve un hueco en su cabeza y te «etiquete» como el profesional al que llamar cuando se necesita X.

**3. Hiperespecialización (mercado horizontal + vertical): Especialización en servicio + Especialización en cliente.**

De esta forma somos específicos con el público al que nos dirigimos y el servicio concreto que soluciona su necesidad.

Ejemplos: «Diseño web en WordPress para hoteles», «Consultoría de marketing online para tiendas de productos para mascotas», «Diseño de packaging para productos cosméticos», «Copywriting para negocios de turismo», «Diseño gráfico publicitario para centros de estética»...

Esta opción es para mí la opción ideal y más completa. Es la más específica de todas y en la que se reduce mucho más el mercado en el que nos enfocamos. Sin embargo, el gran beneficio es que te hace único ya que existirá poca o nada de competencia.

Un buen posicionamiento en el mercado es la clave para encontrar clientes de calidad y la mejor forma para convertirse en la persona de referencia para aquellos clientes que necesitan tu ayuda o una solución concreta. De esta manera, podrás tener unas tarifas más elevadas. Y, más aún, hiperespecializándote en un tipo de cliente al que ayudar afinarás mucho mejor tus servicios y soluciones.

Así pues, a través de esto, destacaremos frente al resto de diseñadores generalistas y conseguiremos mayor visibilidad en el mercado. Pero, sobre todo, poco a poco seremos el referente en ese nicho y será más fácil también que nos recomienden nuestros clientes a otros colegas de profesión.

¿Y cómo conseguimos saber en qué somos buenos? Como no podemos ser expertos en todo, lo mejor que podemos hacer es empezar analizando todas nuestras habilidades, conocimientos y talentos para encontrar nuestras fortalezas.

Además de esto necesitamos encontrar un equilibrio entre: **talento**, **dominio** y, sobre todo, disfrute.

Nuestra misión en el negocio tiene que centrarse en encontrar cómo podemos aportar el máximo valor y ayudar a los demás de la mejor manera posible.

La clave está en hacer algo con lo que nos sintamos a gusto y que ayude de verdad a otros.

## Cómo definir el colectivo o nicho al que ayudar con tus servicios

En esta sección nos vamos a centrar en A QUIÉN ayudamos en nuestro negocio.

Este enfoque es fundamental porque TODO lo que hagas girará en torno a nuestros clientes potenciales.

Ellos son el pilar principal desde lo que se construye todo lo demás.

Cuando tienes claro a quién ayudas puedes identificar mucho mejor dónde se mueve ese público: a qué eventos asiste, qué blogs lee, qué foros visita, qué revistas compra, qué redes sociales utiliza, en qué asociaciones está e incluso serás capaz de enumerar a clientes potenciales reales.

Por tanto, podrás realizar acciones concretas para entender sus problemas, crear soluciones en forma de servicios y venderlos con mayor facilidad.

Esto te permitirá también redactar el copy de tu web o de tus campañas publicitarias con unos textos que conecten directamente con ellos, con sus problemas y tus soluciones.

Te ayudará también a redactar artículos para tu blog y newsletter o encontrar blogs donde escribir como invitado para ganar visibilidad más rápido porque sabrás dónde está tu público, qué le preocupa y qué problemas necesitan resolver relacionados con tus servicios.

En definitiva, será mucho más sencillo crear estrategias enfocadas a empatizar y atraerles porque al conocerles sabrás mucho mejor cómo hacerlo.

Por tanto, vamos a seleccionar un nicho de mercado en el que centrar nuestro negocio.

**Qué es un nicho de mercado**

Un nicho es un grupo específico de personas o empresas que comparten características similares dentro de un segmento de mercado más general cuyas necesidades no están cubiertas.

Además, las personas que lo forman tienen voluntad para cubrirlas y están dispuestos a pagar por ello.

Vamos, no pretendas enfocarte en ayudar a personas sin recursos, eso está muy bien para tu tiempo libre, pero tienes un negocio y no una ONG.

Para que nos hagamos una idea más clara, te pongo a continuación algunos ejemplos de lo que para mí es un nicho bien acotado y lo que, para mí, sigue siendo generalista y ambiguo:

- SÍ PODRÍAN SER UN EJEMPLO DE ESPECIALIZACIÓN EN NICHO:

    «Restaurantes», «psicólogos y pedagogos», «startups de videojuegos», «profesionales deportivos», «productores de música»...

- NO SON NICHOS BIEN DEFINIDOS: «pymes», «emprendedores», «empresas y autónomos», «mujeres» a secas, etc.

¿Con esto qué quiero decir? Que si quieres especializarte en «creación de logos para emprendedoras», lo siento, eres super generalista y tienes una competencia brutal.

Puede parecer que enfocarse en un grupo más reducido implica tener menos potencial de ventas, pero en realidad es todo lo contrario, ya que pretender llegar a todo el mundo sin un foco te convierte en generalista de nuevo y ya hemos visto los problemas que eso conlleva: más competencia, precios más bajos, servicios sin perfeccionar…

Al enfocarte en un nicho te especializas en una solución a medida que difícilmente otro competidor estará resolviendo (especialmente los grandes competidores generalistas).

Es mejor ser un referente dentro un mercado pequeño, que un pequeño competidor en un mercado enorme con mucha competencia.

Lo ideal sería elegir tu nicho dentro de un sector o colectivo que te apasione o que realmente te interese porque entonces será un mercado que conocerás bien y además en el que te gustará trabajar.

Tomando como referencia las lecciones anteriores podrías especializarte en una disciplina orientada a un nicho concreto que pueda ser rentable.

Por ejemplo: «Diseño web en WordPress para fotógrafos»,« Fotografía para tiendas de gastronomía gourmet», «Ilustración para autores de libros infantiles independientes», «Diseño gráfico publicitario para clínicas de belleza»…

Te pongo algunos ejemplos de sectores donde dentro puedes encontrar nichos de mercado:

- Aficiones creativas (craft, manualidades, fotografía, bricolaje, jardinería, decoración...)
- Ocio (viajes, moda, deportes, gastronomía, mascotas...)
- Entretenimiento (música, series, TV, cine, videojuegos...)

- Desarrollo personal, salud, bienestar...
- Marketing, redes sociales y publicidad...
- Tecnología, informática, software, smartphones...

Por otro lado, como te comentaba, no tienes por qué orientar tu actividad simplemente a un sector. Puedes hacerlo a un colectivo.

Por ejemplo: yo ayudo a diseñadores freelance y agencias creativas como core de mi negocio. Pero de manera secundaria hago diseño gráfico/web para knowmadas digitales que son negocios online que venden formación e infoproductos y ganan visibilidad con un blog profesional (es mi propio modelo de negocio). Como ves, esto es un colectivo, no un sector o industria en sí misma.

Elegir un nicho que no esté basado en una industria, mercado o colectivo conocido, sino que, por ejemplo, se base en cosas menos tangibles como el modelo de negocio, tipo de clientes de la empresa o sus principios y valores (por ejemplo «empresas responsables con el medio ambiente» o «knowmadas digitales» como he elegido yo) puede ser bastante arriesgado. De hecho, es la opción más difícil.

¿Por qué es complicado? Porque aquí el factor más importante es la «etiqueta» que estés utilizando para agrupar y describir a tu público y en qué medida se sienten identificados con esa etiqueta. Elegir una etiqueta que englobe a un grupo es muy difícil. Te tocará hacer una investigación profunda para encontrar cómo se autodenominan los clientes a los que te quieres dirigir.

Este tipo de posicionamiento basado en algo más intangible puede resultar bastante ambiguo, sobre todo a la hora de trasladarlo a tu marketing y definir a tu cliente ideal. Hay excepciones, por supuesto, pero dependen, como te digo, de cómo de identificados se sientan tus clientes con ese factor intangible y la «etiqueta» que les hayas puesto.

Desde mi punto de vista es mejor elegir un nicho basado en un sector de mercado o colectivo conocido y después añadir esos valores o factores intangibles a la descripción de tu cliente ideal (que veremos en la próxima lección) si para ti es importante que tus clientes tengan esos valores en su empresa.

Es importante que tus clientes estén alineados con tus valores porque, de esta manera, será más fácil definirlos.

En la siguiente lección veremos que nuestro cliente ideal no debería ser un intermediario como lo son las editoriales, estudios de diseño o agencias. Queremos hacer una estrategia para trabajar con cliente final.

## Cómo generar ideas para decidir a quién ayudar

Vamos a hacer una tormenta de ideas de posibles colectivos de mercado al que ayudar con nuestros servicios. No confundas a un colectivo que crees que debería necesitarte con el que realmente te necesita y va a pagar por una solución como la tuya (tus servicios).

En esta fase no vamos a estudiar si hay mucho volumen de búsquedas o si hay demanda, eso llegará después.

¿Dónde encontrar esa fuente de ideas?

### 1 – Clientes previos y trabajos por cuenta ajena anteriores

Añade a la lista los clientes y proyectos en los que has trabajado anteriormente para encontrar patrones y cosas en común.

No sólo eso, añade también las empresas en las que has trabajado como empleada o incluso la temática de los trabajos que has realizado sin ánimo de lucro.

## 2 – Analiza tus hobbies, intereses personales o grupos/colectivos de los que formas parte

Analiza qué haces en tu tiempo libre, qué hobbies tienes, a qué asociaciones o grupos perteneces, en qué movimientos sociales participas y qué webs o cuentas de redes sociales sueles visitar.

Piensa si en alguna de esas áreas se pueden necesitar tus servicios y apúntalo en el documento de Excel.

Ejemplo: «En tu tiempo libre te gusta pintar con acuarela > Sigues cuentas en redes sociales y YouTube donde cuelgan tutoriales para aprender a pintar > Quizás haya escuelas o academias de dibujo o tiendas que venden suministros de bellas artes que necesiten una web (o el servicio que ofrezcas)»

«Te gusta experimentar en la cocina y crear nuevas recetas > Lees blogs donde dan recetas y trucos de cocina > Quizás haya cocineros, reposteros o incluso nutricionistas que necesiten un rediseño de identidad visual (o el servicio que ofrezcas)».

## 3 – Busca en internet

Haz la siguiente búsqueda en Google, Google Keyword o http://keywordtool.io:

«Tu disciplina» + «para». Ejemplo: «Diseño web para» o «Diseñador logos para» o «Marketing online para».

Intenta diferentes opciones para redactar la frase y encontrar ideas. Puedes buscar en inglés también para que aparezcan nuevos resultados.

Más sitios en internet donde puedes encontrar ideas de sectores o colectivos de mercado a los que ayudar:

- Competencia - mira su portafolio
- Referentes habla inglesa - mira su portafolio
- Behance
- Marketplaces freelance
- Envato
- Google Trends
- Foros
- Blogs
- Facebook y grupos de redes sociales
- Categorías de libros Amazon o Fnac
- Categorías de revistas o revistas especializadas
- Eventos, congresos y conferencias
- Asociaciones y cámaras de comercio
- Cursos online y presenciales
- Páginas amarillas y otros directorios de empresas
- Clasificaciones oficiales de industrias y mercados
- Epígrafes IAE, CNAE (España) o SIC codes (EEUU)

## Cómo prevalidar el nicho

Una vez que hayas hecho tu investigación y hayas dado con el nicho que te interese, tendremos que saber si va a funcionar o no. Para ello, tendremos que hacer una validación previa del mismo.

De nuevo, tenlo muy presente: basa tu decisión pensando en lo que realmente te gusta, apasiona e interesa. No bases la decisión sólo en una moda o en que pueda ser un mercado grande o rentable. Si no te interesa el nicho no merece la pena.

Por desgracia, nadie te puede asegurar que tu elección de nicho vaya a funcionar porque entran muchos aspectos en juego. Lo que sí podemos hacer es intentar prevalidar tu idea para reducir el riesgo.

Por eso, las personas del colectivo al que finalmente te dirijas tienen que cumplir unos requisitos para que decidas enfocarte en él:

- Te gusta e interesa la temática del nicho.
- Son accesibles. Es decir, están online y/o tienen manera de llegar a ti y tú a ellos. (No pretendas trabajar para Coca cola desde el minuto uno).
- Están dispuesto a invertir y a tomar las decisiones de compra.
- Son conscientes de que tienen un problema importante y quieren solucionarlo.

No te dejes llevar únicamente por la demanda online que pueda existir o si a otro diseñador le va bien en esa área.

Un sector que sepas que está en decrecimiento o que es muy muy pequeño y acotado, seguramente las opciones que tengas en mente serán nichos rentables.

Antes de elegir nicho pregúntate lo siguiente:

- ¿Las personas que forman ese nicho tienen deseo o necesidad real de contratar tus servicios?
- ¿Cuánta competencia existe en ese nicho? Probablemente no haya competencia especializada en ello, pero revisa el portafolio de la competencia generalista.

- ¿Tiene un tamaño suficiente para poder tener trabajo a largo plazo?
- ¿Es un nicho emergente o en crecimiento?
- ¿Te vas a sentir a gusto ayudando a este nicho?
- ¿Tienen capacidad económica para invertir en tus servicios?
- ¿Se venden libros o revistas sobre este nicho?
- ¿Existen cursos online y offline sobre este nicho?
- ¿Se busca sobre ello en Google?
- ¿Hay foros donde se hable sobre ello?
- Publicaciones: si hay revistas, blogs, cursos, congresos, foros o webs hablando sobre el tema y/o nicho, probablemente es que es un mercado activo y puede haber demanda.
- Profesionales complementarios: si hay otros profesionales de servicios complementarios a los nuestros que dan servicios a este colectivo, es un indicativo de que invierten. Mira si hay: gente de marketing, programadores, fotógrafos, copys que están dando servicio a este colectivo o nicho. Esto además te ayudará a encontrar gente después para crear una red de colaboradores.
- Charlar con gente del sector: lo mejor que puedes hacer para prevalidar al nicho al que te quieres dirigir es ponerte en contacto con personas de ese sector y tener una pequeña charla con ellos para entender su contexto en relación a tus servicios.
- Encuestas: puedes hacer una breve encuesta con Google Forms y pasársela a gente del sector, compartirla en grupos de Facebook donde puedan estar y difundirla personalmente para buscar ayuda dentro del colectivo al que quieres ayudar.

**Advertencia: la estrategia de posicionamiento en un mercado vertical está especialmente recomendada cuando trabajamos en remoto gracias a internet y podemos abarcar un ámbito nacional o, incluso más adelante, global. Si sólo trabajas a nivel local asegúrate de que hay suficiente mercado en tu zona para el nicho elegido.**

**Elige un nicho y dale una oportunidad por lo menos durante medio año haciendo una buena estrategia de marketing para conseguir resultados. Si no cuaja ya tendrás tiempo de pivotar hacia otro sector más adelante.**

## Cómo definir a tu cliente ideal

¿Qué es esto del cliente ideal y por qué es necesario que lo definas?

El cliente ideal es una figura ficticia (o puede estar basada en alguien real) que se corresponde con lo que para nosotros sería nuestro cliente perfecto y que estaría dispuesto a contratar nuestros servicios porque se ajustan a la perfección para solucionar sus problemas concretos.

Además, es una persona que se alinea con nuestros valores, con la que empatizamos y que toma la decisión de compra.

**Es muy importante tener clara esta figura con un perfil bien detallado para saber dónde encontrar a este tipo de clientes, para poder filtrar cuando alguien nos pide un presupuesto, para poder diseñar unos servicios concretos y adecuados con una buena estrategia diseñada para llegar a ellos.**

Pensarás que habiendo elegido el nicho de mercado ya tienes cubierto este proceso, pero no. Debemos detallar muy bien el perfil del tipo de cliente que queremos atraer o al que queremos llegar.

Ten en cuenta que puedes dirigirte al sector del handmade pero no es lo mismo que tu cliente ideal sea una blogger que vende cursos online a que sea el dueño de una fábrica de lanas.

Cada perfil tendrá un problema diferente. Llegarás a ellos por caminos distintos y tú tendrás que definir e investigar en quién quieres enfocarte y quién está dispuesto a contratar tus servicios.

Además, esta figura con el tiempo va a ir evolucionando con tu experiencia y tu negocio. Te cuento mi propio ejemplo:

Yo empecé ayudando a diseñadores freelance, desde los que estaban estudiando, los que hacían trabajos puntuales en su tiempo libre, los que estaban en paro y buscaban una alternativa, hasta los que llevaban diez años con su negocio full time. Todos tienen en común que ofrecen servicios de diseño, pero sus necesidades y problemas son completamente diferentes.

Me di cuenta de que los que no trabajaban full time ofreciendo servicios, no se lo tomaban como un negocio serio y, por tanto, no buscaban una solución para conseguir más y mejores clientes o subir sus tarifas. Sólo buscaban parches rápidos y consejos exprés.

Con el tiempo he ido refinando el perfil de la persona ideal para contratar mis servicios de consultoría y mi programa formativo Imperio Freelance.

Por supuesto hay excepciones y llegan a mi freelancers con muchos tipos con contextos muy diferentes pero mi comunicación y mi estrategia va enfocada a atraer a un público cualificado y cada vez más alineado con el perfil de profesionales a los que puedo ayudar mejor.

Esta es la versión resumida de mi cliente ideal:

*«Es un diseñador freelance (o tiene una pequeña agencia creativa o estudio de diseño pequeño—esto es algo que he identificado este año—) desde hace más de un año. Ha trabajado ya en bastantes proyectos y quiere hacer cambios en su negocio para conseguir mejores clientes, poder elegir con quién trabaja y aumentar sus tarifas para trabajar menos horas y con menos clientes a la vez. Necesita implementar una estrategia de marketing y está dispuesto a invertir tiempo y dinero a formarse, buscar ayuda e implementar cambios en su web y su negocio. Quiere encontrar la manera de diferenciarse de la competencia barata porque su trabajo es de calidad y sabe que cobra menos de lo que vale. Quiere trabajar en proyectos que le diviertan con clientes que tengan buen rollo y además confíen en su criterio porque lo que busca mi cliente ideal es calidad de vida y disfrutar más de su trabajo. Se mueve mucho online, está en grupos de Facebook, lee blogs de marketing y de diseño como Graffica y participa en foros como Domestika. Está en formación continua e invierte en libros, formación offline y online como Crehana, Domestika o Video2brain».*

**Verás que en tu nicho elegido puede haber diferentes tipos de cliente en diferentes fases. Hoy quiero que identifiques quién sería el cliente ideal para tus servicios y lo describas en profundidad. Para ello hay que hacer mucha investigación y hablar con gente de ese sector. Este es el punto de partida, poco a poco tendrás que ir optimizando a tu cliente ideal con el tiempo. Deberías revisarlo cada cierto tiempo.**

La figura del cliente ideal te ayuda a que todas tus acciones de marketing, redacción de tu web, de tus newsletter, tu blog o páginas de venta de tus servicios estén enfocados en conectar y acercarte al cliente de tus sueños; y que cuando llegue un cliente potencial a ti sienta una conexión contigo porque lo que ofreces es exactamente lo que necesita para transformarles la vida o el negocio.

**Tendrás que meterte en la cabeza del público al que te diriges, conocer sus frustraciones y deseos para que vean que les entiendes y puedes ayudarles con sus problemas.**

## Requisitos para elegir y definir a tu cliente ideal

Tu cliente ideal es una persona que:

**Quiere una solución y sabe que la necesita.**

- No describas a alguien a quien tendrías que convencer de que tiene un problema y necesita una solución. Se trata de una persona que sabe que tiene un problema y está buscando la manera de solucionarlo con la ayuda de un profesional.

- Tiene ambición por mejorar, innovar y crecer en su negocio. No es un nicho en donde los integrantes se niegan durante años a renovarse o a hacer cosas nuevas.

1. **Es accesible**

- Tiene que ser un cliente que pueda encontrarte online y tú puedas localizarle también online fácilmente. Hay sectores muy tradicionales (industrial, por ejemplo) que no se mueven en internet y que si quieres llegar a ellos tendrás que hacer mucho más trabajo offline y de networking. No te recomiendo ir a ese tipo de perfiles.

- Tienes que saber por dónde se mueve y qué sitios online acostumbra a visitar y participar (redes sociales, grupos, foros, cursos online, blogs…).
- Debería haber comunidades o grupos online del colectivo donde pueda estar tu cliente.
- Empieza pequeño para crecer. Comienza con clientes a los que puedas aportar en este momento como freelance. No pretendas trabajar para Ikea o Coca Cola de buenas a primeras.

2. **Toma la decisión de compra**

- No hay intermediarios de por medio, es el cliente final con el que vas a negociar y trabajar mano a mano.
- No es una agencia, una editorial o similar que te contrata para sus clientes.
- Si es una junta directiva quien toma decisiones quizás no sea buena idea ir a un tipo de cliente así.

3. **Está dispuesta a invertir en tus servicios para mejorar en su negocio**

- Tiene reservado presupuesto para ello.
- Debe ser un tipo de cliente que cada año invierte en mejorar, un sector que innova. Ya sea con servicios de marketing y publicidad, formación en negocios, etc. Eso es señal de que invertiría también en diseño.
- Existen determinados sectores o nichos (tradicionales, sobre todo) donde difícilmente van a querer invertir en diseño gráfico, web, copy, social media, SEO, AdWords o similar porque lo ven como algo no necesario para ellos.

Para ellos esto NO es una inversión, sino un gasto porque piensan que no lo necesitan.

Ejemplo: «Un emprendedor que vende servicios de redacción como freelance que está empezando con su negocio online tendrá poco presupuesto y probablemente prefiera hacerse él mismo la web en WordPress o contratar algo low cost. Sin embargo, puede que pasen dos años y vea que necesita un cambio para reposicionarse en el mercado y delegar esto en un profesional. O mejor aún, puede que decida crear una escuela online y que necesite delegarlo para que quede muy profesional de cara a vender cursos de precio elevado».

4. **Está en el momento y etapa ideal para contratarte**

- Tu cliente ideal no puede ser alguien que tiene que dar diez pasos antes de llegar a ti. Tiene que estar en el momento de contratar tus servicios.
- Además, tiene que estar en un punto en su negocio en el que tenga un problema que tú puedas resolver y que sea una prioridad para él.

Por ejemplo: Si eres diseñador web, tu cliente debería tener clara su estrategia de marketing y un objetivo claro con esa web. Debería tener claras las páginas que necesita y contenido de éstas para que tú se la diseñes. Si está montando su negocio y no tiene estrategia, ni textos, ni tiene nada, probablemente no será tu cliente ideal.

Ejemplo de la mala elección de cliente ideal: «Los comercios de mi barrio están desfasados y quiero que entiendan que necesitan cambiar su imagen y crear una web». Este perfil **NO es un cliente ideal** porque no tiene la necesidad ni ambición».

Ejemplo de una buena elección (simplificando mucho): «Un fisioterapeuta que quiere dar el salto online, sabe que necesita una web para captar clientes porque su competencia le está robando terreno y necesita renovarse. Tiene claro que no es diseñador web, que hay muchísimas otras tareas que requieren su tiempo y que si contrata a un freelance low cost sabe que no le ayudaría a conseguir clientes, sino que incluso dañaría su imagen de marca. Ha contratado a un consultor de marketing que le está ayudando con su estrategia online y sabe que necesita una web. Tiene las fotografías y el copy redactados por un profesional listos para pasártelos».

Dirigirse a emprendedores que están empezando un negocio por primera vez suele ser sinónimo de un público con poco presupuesto para diseño, copy o similar. Hay excepciones por supuesto, pero ten en cuenta esto cuando investigues a tu público para tomar una decisión lo más acertada posible. Recuerda que tiene que ser un cliente con un problema prioritario que resolver en su negocio.

Quizás todo esto te haga replantearte el nicho seleccionado. Es mejor que lo «repienses» si en alguno de los puntos anteriores entra en conflicto.

De todas formas, con el tiempo y la experiencia tú mismo te darás cuenta del perfil en el que enfocarte.

El ejercicio de hoy puedes hacerlo de dos maneras:

1. Pensando en alguien que existe (y sería o ha sido tu cliente perfecto) e incluso hablando con él para entender mejor cómo se siente y conocer cuáles son sus puntos de dolor frente a lo que tú solucionas con tu trabajo.

2. Pensando en un perfil hipotético y validarlo hablando con perfiles similares.

**Lo ideal sería enfocarte en ayudar a un tipo de clientes con los que ya has trabajado,** pero ten en cuenta que si decides enfocarte en un tipo de cliente con el que nunca has trabajado esto requerirá más tiempo, más investigación, más networking y más trabajo previo para conocer a tu público y poder llegar mejor a él.

En ambos casos te **insisto en investigar, hacer encuestas y hacer entrevistas o tener charlas con gente del sector**. Esto es sumamente importante para poder entender los retos a los que se enfrentan tus clientes potenciales respecto a los servicios que ofreces y así poder completar el ejercicio del cliente ideal.

No te preocupes si ahora no sale perfecto, después con el tiempo deberás ir optimizando el perfil del cliente al que quieres atraer a tu negocio.

## Cómo crear una propuesta de valor que te diferencie

Ahora que ya sabes quién es tu cliente ideal y los problemas que tiene, tenemos que ver cómo vas a convencerle de que te compre a ti en vez de irse a la competencia. Esto se consigue encontrando una propuesta de valor que te hace único.

La propuesta de valor única es una breve descripción de los beneficios y soluciones que tú ofreces a tu cliente para que te elija a ti y no a tu competencia.

Por eso, nuestra propuesta de valor se va a basar en solucionar las necesidades de nuestro cliente ideal que hemos identificado en el ejercicio anterior.

Si el mercado no percibe diferencias entre tú y tu competencia, entonces el cliente decidirá por precio y acudirá al más barato. Como dice Guy Kawasaki: «**O eres diferente o eres barato**».

Como ya he comentado contigo, nosotros NO queremos competir por precio. Y para poder poner unos precios más elevados tenemos que hacerle ver al cliente los beneficios de nuestros servicios.

**Ten en cuenta que no hay que confundir la propuesta de valor con un eslogan.**

Son cosas diferentes: «Nespresso, what else?» o «L'Oreal, porque yo lo valgo» NO son propuestas de valor, son eslóganes.

Tu propuesta de valor es un texto o un pequeño resumen de lo que haces y que deberías incluir en tu web, como presentación cuando haces networking, en tu LinkedIn, en una carta de venta, en tus presupuestos, en tu firma de email…

Ventajas de tener clara tu propuesta de valor única

- Posicionarte en la mente de tu cliente potencial
- Atraer y conectar con tu cliente ideal
- Dotar de personalidad a tu marca
- Diferenciarte de la competencia

Teniendo clara y bien diseñada tu propuesta de valor será más sencillo que todos los mensajes que envías desde tu negocio (ya sea en tu web, anuncios, mailings, campañas, landing pages…) tengan más coherencia y foco.

## Cómo redactar tu propuesta de valor única

Tu propuesta de valor debe responder a estas tres cuestiones:

- Cómo resuelves el problema o necesidad de tu cliente ideal
- Qué beneficios o resultados tendrá el cliente al contratarte
- Por qué te debería elegir a ti y no a tu competencia
- Lo ideal sería encontrar algo con lo que nadie esté satisfaciendo y que te diferencie frente al resto

Piensa también en experiencias vitales (obstáculos superados), aspectos positivos de tu personalidad, aspectos de tu trato con el cliente… Esta parte puede ser la más difícil y quizás la puedas ir completando y mejorando con el tiempo. Como punto de partida puedes preguntar a antiguos clientes por qué te eligieron a ti.

Habla con compañeros de trabajo, amigos y familiares para que te ayuden a encontrar tus puntos fuertes si tú no lo tienes demasiado claros.

La idea de la propuesta de valor es decir claramente **QUÉ HACES y CÓMO TE DIFERENCIAS** de la competencia.

Si, por otro lado, piensas que ofrecer servicios de diferentes tipos o que deberían llevarse a cabo por diferentes profesionales te ayuda a diferenciarte de otros diseñadores porque das un servicio más completo… Lo siento, pero estás yendo por el camino equivocado…

Ejemplo típico: «Soy diseñador + community manager».

**Cualquier supuesta diferenciación que agregue un «+ otro tipo de servicio fuera de mi área» destruye tu posicionamiento de marca en la mente de tus clientes potenciales.**

Tu diferenciación tiene que ser un **valor añadido a tu propuesta de valor**. Si tienes que añadir servicios aleatorios fuera de tu área de especialización, estás diluyendo tu posicionamiento en el mercado.

Busca otros factores que refuercen lo que haces o cómo lo haces que sean valiosos para tu público objetivo: tu experiencia, capacidades y habilidades, metodología, tiempos, herramientas o tecnologías...

Mira cómo lo hacen otros diseñadores y cómo podrías mejorar los resultados de tus clientes potenciales con tu trabajo.

Piensa que: «trato cercano, trabajo a medida del cliente, implicación en el proyecto, etc» no es una diferenciación porque tu competencia probablemente trabaje de la misma manera y además es algo que tus clientes dan por hecho cuando te contratan.

¿Qué elementos debes incluir en tu propuesta de valor?

- Para quién es el servicio (cliente ideal)
- Su problema principal
- Qué le ofreces
- Qué beneficio aportas
- Qué te diferencia

¿Qué requisitos debe cumplir una propuesta de valor única?

- Explícita y honesta: debe atraer a tu cliente ideal con una promesa real.
- Clara y fácil de entender: que muestre qué ofreces y qué te diferencia, pero sin ser rebuscado.
- Breve: en una frase corta basta (o un título y subtítulo).

**Recuerda que no debes tratar de gustar a toda la gente, simplemente a aquellas personas que realmente estén interesadas en lo que puedes ofrecer.**

Mi ejemplo: «Ayudo a diseñadores freelance y agencias creativas a conseguir más y mejores clientes para poder elegir con quién trabajar y aumentar sus tarifas gracias a un correcto posicionamiento en el mercado y estrategia de negocio probada a través de mis servicios de consultoría, mi programa formativo Imperio Freelance y mi blog».

Versión corta: «Ayudo a diseñadores freelance y agencias creativas a aumentar sus tarifas y conseguir mejores proyectos a través de mi blog, mi servicio de consultoría individual y formación online».

Para quién es el servicio (cliente ideal): diseñadores freelance y agencias creativas:

- Problema principal de tu cliente: tiene pocos clientes y/o de mala calidad
- Qué le ofreces: consultoría y formación
- Qué beneficio aportas: mejorar su posicionamiento para que pueda atraer más y mejores clientes y seleccionar él con quién trabaja
- Qué te diferencia: que también soy diseñadora y tengo una metodología propia

### Ejemplo de fórmulas

Ayudo a _____[CLIENTE IDEAL] a conseguir más/transformar/que quieren [BENEFICIO]_____ a través de/creando/gracias a _____ [ESPECIALIZACIÓN].

o

Soy _____ [especialidad: diseñador web] y ayudo a _____ [cliente ideal: redactores y copys independientes] con _____ [problema: dificultad para conseguir clientes online] a conseguir _____ [resultado/beneficio: una web profesional orientada a la captación de emails.]

Redacta varias frases hasta que encuentres una que realmente sea clara y englobe todos los puntos.

No es necesario que la frase sea extra corta, tiene que ser válida para ti y lo que quieres transmitir.

Intenta evitar palabras tan trilladas como: servicio de calidad, pionero, revolucionario, innovador, éxito… O superlativos como: óptimo, inmejorable…

¡A darle al coco!

## Marca personal

¿Qué nombre debería aparecer en mi web como freelance?

¿Debería usar mi nombre propio, un pseudónimo, una marca de empresa?

¿Qué nombre elijo para el dominio de mi web?

Lo primero que quiero que tengas muy presente es que este tema no debe bloquearte si estás empezando como freelance. Hay otros temas mucho más importantes en los que debes poner tu atención en cuanto a tu marca. Y esos temas sobre tu marca te los acabo de presentar en este capítulo.

Así que no te obsesiones y tampoco pretendas empezar la casa por el tejado. Por otro lado, aunque lo que cuento afecta al dominio de tu web, hoy voy a hablar del nombre de tu marca. Por supuesto, esto va a depender siempre de muchos factores y la decisión es tuya. Lo que cuento aquí es solo mi punto de vista según mi experiencia y tras analizar muchos casos de éxito.

Tienes dos opciones:

**1 – Venderte con tu nombre siendo freelance:**

PROS:

- La marca con tu nombre personal es ideal para freelance y/o negocios unipersonales. «La gente compra personas», es decir, el mercado y la compra/venta se basa en relaciones. Elegir tu nombre como tu marca aportará esa cercanía. Tu cliente no quiere tratar con mil intermediarios y hablar a la nada cuando envía un email. Quiere saber que va a poder contar contigo y te vas a implicar personalmente en su negocio.

- Conectarás con clientes potenciales también a un nivel emocional. Ya sea porque tengan afinidad contigo, por cómo eres, por tus valores, tus aficiones, tu voz, etc. Esto es lo que intentan las grandes empresas, humanizar su marca para conectar con el público. Si tú te posicionas en el mercado como tú mismo, tendrás medio camino hecho.

- Usar tu nombre aportará transparencia con tus futuros clientes. Muchos negocios o emprendedores (yo incluida) se sienten estafados o decepcionados cuando buscan una agencia para llevar a cabo un proyecto complejo y se encuentran con que detrás de esa apariencia de agencia hay una única persona intentando abarcarlo todo. Esto es un punto muy negativo si te vendes como empresa y hablas

como si tuvieras un equipo (y no lo tienes). Si no quieres confundir a la gente, no te vendas como algo que no eres.
- Aporta cercanía, confianza y credibilidad. Genera más conexión contigo y tu persona. Se te verá como alguien que trabaja de manera personalizada. Será mucho más fácil posicionarte en el mercado como un experto en tu nicho/especialidad. Es más flexible. Tu empresa evolucionará contigo: si tu enfoque cambia (y vas a otro nicho o empiezas a trabajar en otra disciplina) tu nombre siempre va a ser el mismo.

## CONTRAS:

- Si tu negocio crece y contratas equipo para escalar y atender a más clientes vendiendo tus servicios, puede que los clientes prefieran trabajar directamente contigo. Pero hay muchos ejemplos de profesionales que trabajan así y sus clientes confían plenamente en el trabajo de su equipo (Maider Tomasena, Laura Ribas, Raimon Samsó, Javier Pastor…).
- Te va a tocar hacer todo el trabajo de marketing en tu nombre: blog, videos, emails, eventos, charlas…
- Si alguien te quiere crear un problema de reputación será un problema directo contra tu persona. En una empresa esto se puede diluir, pero en el caso de tu nombre, tú eres tú.
- Te va a tocar salir de tu zona de confort y quitar timideces. Tendrás que exponerte al público online y offline. Tu foto y tu nombre serán públicos y parte de tu vida personal también.
- Por desgracia, muchas veces tener un negocio con tu nombre o autodenominarse freelance puede denotar que tienes poca capacidad, poca experiencia o trabajas low cost.

Debes posicionarte en el mercado como un consultor experto y especializarte para no aparentar ser un freelance barato al uso. Pero la verdad es que esto lo vas a tener que trabajar independientemente del nombre que elijas.

- Que tengas un nombre muy común (como el mío). Será difícil encontrar dominio libre para tu web, para tus correos, habrá mucha gente con tu nombre y, por tanto, encontrarte. Si alguien te busca directamente, será más difícil encontrarte. O al revés, si tienes un nombre muy raro, puede que sea difícil que la gente lo escriba bien y te encuentre. Para mí es el menor problema pero hay a profesionales que esto le preocupa y molesta.

Ejemplos de diseñadores con un negocio con su nombre:

Arturo García
Carmen Rodrigo
Victoria Lloret
Valentina Musumeci

## 2 – Venderte con una marca empresarial/corporativo/comercial/agencia/pseudónimo siendo freelance:

PROS:

- Si tienes un nombre super raro, difícil de escribir y recordar puede que sea mejor inventar uno.
- Si sois más de uno en el equipo o tu plan, estructura y estrategia de negocio está planteado para que sea así a medio plazo (no me vale que me digas que te gustaría tener un gran estudio de diseño, eso todos los diseñadores lo quieren, pero otra cosa es que tengas un plan de negocio estructurado para conseguirlo).

- Los clientes no tienen que depender únicamente de que tú estés disponible, cualquier tarea o comunicación puede hacerla alguien de tu equipo.
- Los emails o acciones de marketing las puede llevar otra persona del equipo sin que parezca raro o impersonal. En mi caso, sería raro que en un training gratuito que lance yo en mi nombre, aparezca otra persona hablando por mí en el video.
- Es más fácil crecer y tener una estructura que no dependa tanto de ti. Incluso acabar desapareciendo de escena y que se encarguen otros de todo. Esto lo puedes hacer también con una marca con tu nombre, pero los clientes esperarán que seas tú quien se comunique con ellos y resuelva cualquier problema.

CONTRAS:

No tiene los beneficios mencionados en el caso de nombre personal: un nombre de empresa puede parecer más impersonal y menos cercano.

- Si decides cambiar el enfoque de tu negocio, el nicho al que vas, tu especialidad y tienes un nombre comercial con palabras que describen lo que has hecho hasta ahora, entonces tendrás que empezar con un nombre comercial nuevo de cero. Esto es muy importante tenerlo en cuenta.
- Puede que te malinterpreten y piensen que tienes un equipo y eres más grande de lo que eres, que das un servicio global o incluso un servicio frío e impersonal. La cuestión es que puedes tener un nombre de empresa y ser tú solo inicialmente. Por eso tienes que ser totalmente transparente y no aparentar que tienes un gran equipo hablando

todo el rato con «el nosotros hacemos esto o lo otro». Te daré algunas recomendaciones al final del artículo.

- Suele ser difícil encontrar un nombre memorable y con gancho. Tiene que reflejar muy bien qué haces, para quién y por qué quieres que se recuerde tu negocio.
- Si quieres trabajar tus redes sociales como empresa, no deberías dejar de lado las tuyas como persona. Esto puede duplicar tus esfuerzos y que pierdas tiempo y foco.

Ejemplos de diseñadores con un negocio con nombre comercial:

Lunes Design
Hormigas en la nube
Hodeidesign
Threefeelings

## 3 – Últimas recomendaciones:

Cada caso es diferente, pero yo suelo recomendar a mis alumnos que se centren en su marca personal y utilicen su nombre como marca para su negocio freelance. Todo lo que transmites como persona se engloba, aunque tú no quieras, en tu propia marca.

Es algo que llevas contigo y no puedes ignorar, mucho menos si eres freelance y estás online. Por eso, independientemente del nombre que finalmente elijas para tu negocio freelance, es sumamente importante que trabajes tu marca personal. Así que siempre te recomendaré que potencies esto, aunque el nombre de tu negocio no sea tu nombre propio. ¿Cómo? Pues igual que lo hacen los ejemplos arriba mencionados:

- Explica en la página «sobre mí» o «sobre nosotros» quiénes forman parte de tu negocio y pon foto. Aunque seas tú sólo.

- Habla sobre tu historia en tu web para conectar con tus clientes potenciales.
- Escribe los emails en tu nombre y firma también con tu nombre. No soporto que me escriban desde una empresa y no me digan con quién estoy hablando.
- Cuida tu reputación online y en redes sociales.
- Participa en tu nombre en foros, grupos de Facebook o LinkedIn. Si puedes, deja una firma donde ponga quién eres, de qué empresa y tu web.
- Da charlas gratuitas, asiste a eventos, trabaja tus redes sociales. Hazte visible como profesional.
- También puedes tener tu web con tu nombre, como es mi caso (a pesar del nombre de dominio en el que tuve que usar mi pseudónimo por tener un nombre muy común) y además tener otros proyectos propios con nombre comercial. En mi caso CalculadoraFreelance.com e ImperioFreelance.com. Como ves, tengo tres marcas diferentes pero todas ellas van directamente asociadas a mi persona.

# CASO DE ÉXITO: Marta Bernal

Alumna del Programa Formativo Imperio Freelance
www.martabg.com
Diseñadora gráfica para consultoras de negocios

**¿Qué te motivó a hacer cambios en tu negocio y a implementar una estrategia de marketing?**

En marzo de 2014, conocí la noticia de que a finales de año iba a ser mamá. Este fue mi motor para cambiar, buscar soluciones y tomar las riendas de mi negocio. Buscando formas para solucionar mi situación encontré el blog de Laura donde su contenido junto a su Calculadora Freelance me abrieron los ojos.

**¿Cuánto tiempo tardaste en implementar los cambios propuestos en *Imperio Freelance*?**

Casi un año, debido a mi situación: Mamá primeriza con una niña de meses que dependía de mí. Mi pareja en esos momentos trabajaba hasta 12 horas diarias para poder pagar las facturas. Aprovechaba los ratos de descanso de la pequeña para hacer cambios en mi negocio y modificar mi web, la cual estuvo lista en octubre de 2016.

**¿Qué resultados has obtenido gracias a estos cambios en tu negocio?**

Muchísimos. A nivel personal; me encuentro más segura, satisfecha y lo más importante, ha desaparecido el estrés. Sé que voy por buen camino y aunque los resultados obtenidos van poco a poco, se notan y mucho. La situación con mi pareja ha mejorado muchísimo. Él no entendía porque seguía como freelance y quería que buscara un trabajo por cuenta ajena para tener una estabilidad económica y un horario estable. Hoy día, me dice que menos mal que fui cabezona y busqué soluciones para conseguir el estilo de vida que quería. A nivel laboral, mejores clientes dispuestos a pagar lo que pido y sobre todo, que valoran el trabajo que realizo. Además, el trabajo se desarrolla de forma rápida, fácil y con una fluidez sorprendente para ambas partes. Sé lo que necesitan y quieren. Apenas existen cambios de diseño porque conozco el estilo que les gusta.

**¿De qué manera *Imperio Freelance* ha cambiado tu negocio o tu vida?**

Ha sido un cambio radical, que necesitaba al 100 %. Estaba metida en un bucle de estrés, agobios y dependencia familiar. A veces mis familiares me tenían que prestar dinero para pagar impuestos, autónomo o IVA. Lo que me hacía sentir culpable y frustrada, tanto trabajar y necesitaba la ayuda de otros para poder pagar mis gastos.

**¿Cuál ha sido la mayor sorpresa o el mayor impacto durante todo el proceso?**

A comienzos de este año, me pidieron que diera una ponencia en Madrid. ¿Yo ponente? Es una idea que siempre me ha rondado la cabeza pero que veía para un futuro lejano, muy muy lejano. Así que no me lo creía. Fue una experiencia inolvidable que espero que pueda repetir pronto.

CAPÍTULO 3:

# APRENDE A CUALIFICAR A TUS CLIENTES Y SUPERA CON ÉXITO LA PRIMERA REUNIÓN

## Cuál es el ABC de la gestión de clientes

La gestión de las relaciones con los clientes (CRM en inglés) es una combinación de estrategias de negocio, de marketing, de comunicación y de procesos orientados siempre a satisfacer las necesidades que realmente tiene el cliente con el objetivo de mejorar la gestión de tu negocio y los servicios que ofreces y así generar relaciones duraderas y aumentar su grado de satisfacción con tus servicios.

Las siglas CRM normalmente se suelen confundir con los sistemas informáticos con el mismo nombre que se utilizan para llevar a cabo esta gestión con los clientes de pymes y grandes empresas.

Pero nosotros no vamos a utilizar grandes softwares, nos apoyaremos en la tecnología que tenemos disponible al alcance de nuestra mano que serán herramientas a través de internet como nuestra web, el email y aplicaciones asequibles como Mailchimp para campañas de email o Quadernoapp para presupuestos y facturación.

Lo que quiero conseguir en este capítulo es trasladar estos procesos y estrategias que utilizan las grandes empresas y acercarlas y adaptarlas a nuestro micro negocio para que puedas implementarlas desde ya. Así que, una vez más, voy a hablar desde el punto de vista estratégico y no me voy a centrar en temas técnicos.

Ten en cuenta que, siendo freelance, la gestión comercial y atención que das a tus clientes es importantísima a la hora de diferenciarte de tu competencia ya que trabajas mano a mano y cara a cara con tus clientes y, si quedan satisfechos, van a ser tus mejores comerciales. Por el contrario, si no das un buen servicio tu reputación se ensucia.

Es por ello que tendrás que entrar en contacto con tu mercado y escuchar a tus clientes para comprender sus problemas de fondo y adaptarte a ellos.

De esta forma, nos centraremos en las necesidades del cliente para poder aumentar el valor de nuestra oferta y lograr cada vez mejores resultados con un servicio de calidad premium.

Este capítulo es muy importante porque nos va a permitir acercarnos al cliente con el que queremos trabajar (es decir, el cliente ideal que definimos en la sesión anterior) y además nos alejaremos proactivamente de clientes que no nos interesan y no van alineados con nuestros objetivos profesionales y que, en definitiva, no son rentables para nosotros.

Por otro lado, también es importante este punto porque crearemos sistemas y flujos de trabajo que nos permitirán entender mejor las necesidades del cliente y ofrecerles el mejor servicio, que además podremos ir perfeccionando con el feedback que nos den ya que podremos identificar nuevas necesidades y mejoras que implementar en nuestros servicios.

Para nuestro pequeño negocio he identificado y adaptado una serie de fases en las que nos tendremos que centrar para mejorar esta gestión con nuestros clientes que serán las siguientes:

**Captación:**

Aquí entran en juego todas las estrategias comerciales para conseguir clientes. Mi recomendación es tener una web profesional acompañada de una estrategia de contenidos con un blog.

**Cualificación de los clientes:**

No hay peor pérdida de tiempo y energía que intentar vender algo a alguien que realmente no puede comprar, no necesita o no es nuestro público objetivo. Por eso debemos hacer un filtro y selección para saber si el cliente al que vamos a vender nuestro servicio realmente encaja con nuestros objetivos y además puede permitírselos.

**Presentación de propuestas y negociación:**

Es importante saber presentar las propuestas a nuestro cliente para que pueda elegir la que mejor encaje con sus necesidades. Queremos que se quede con nosotros y no con nuestra competencia.

**Ejecución:**

Una vez el cliente ha contratado nuestros servicios tenemos que tener creados una serie de procesos de trabajo y de comunicación en los que involucrar al cliente para poder ofrecer el mejor servicio y seguimiento de su proyecto.

**Postventa:**

Cuando ya hemos terminado el proyecto nos interesará mantener la relación con el cliente para identificar nuevas necesidades que pueda tener y además ponerle en bandeja que nos recomiende a otros profesionales de su sector.

Todo este esfuerzo para conseguir la satisfacción del cliente tiene sus beneficios:

- La lealtad del cliente: será más probable que quiera contratar nuestros servicios en un futuro.
- Publicidad gratuita: nos recomendará a otros clientes potenciales.
- Mejora de nuestra oferta ofreciendo unos servicios adaptados a las necesidades reales de los clientes.
- Optimizar de los procesos y flujos de trabajo.
- Identificar nuevas necesidades.

No obstante, me gustaría centrarme en la cualificación de clientes.

## Cómo cualificar a nuevos clientes

Creo que es importante tener bien clara y bien implementada esta fase antes incluso de saber cómo captar clientes, pero muchos profesionales la dejan de lado.

Como ya he comentado, es esencial saber a quién nos dirigimos para poder realizar estrategias que nos ayuden a captar al tipo de cliente que nos interesa.

Está claro, que al final, aunque realicemos unas estrategias orientadas a captar a nuestro cliente ideal y que harán que se afine el perfil del público interesado en nuestros servicios, no todo el mundo que llegue a nosotros tiene por qué ser un cliente potencial cualificado.

Me ha pasado más de una vez de reunirme con un cliente y nada más empezar la reunión darme cuenta de que no podía cumplir con sus plazos, no tenía capacidad para solucionar el problema por el que se había puesto en contacto conmigo o realmente no tenía presupuesto para pagarme así que tanto él como yo perdimos tiempo en desplazamientos y cambios en agenda por no prevenir la situación.

Por eso, para poder saber si el cliente que nos escribe o nos llama para pedir un presupuesto encaja con el tipo de servicio que ofrecemos y con nuestros objetivos de negocio, es muy importante tener un filtro que nos ayude a dejar fuera a los clientes que no nos interesen y también para saber si realmente nuestro servicio es la solución que necesita.

Cuando hablo de clientes que no nos interesan hablo de clientes que:

- No tienen presupuesto suficiente o buscan precios bajos.
- Necesitan unos servicios que tú no ofreces.
- Quieren algo para ayer (o necesitan algo urgente y tú no tienes disponibilidad inmediata).
- Necesitan un presupuesto rápido para comparar precios.
- Quieren cotillear sobre tus precios y presupuestos.
- Son de un nicho que no tiene que ver contigo.
- Es un tipo de cliente con el que no quieres trabajar (particulares, temas políticos o religiosos, asociaciones sin ánimo de lucro…).

Como ves, saber cualificar bien a un cliente es la clave para poder filtrar a aquellos que realmente le convienen a tu negocio.

Por eso, antes de intentar avanzar en el proceso de venta de nuestros servicios con un cliente potencial, primero es necesario que valoremos si es un cliente «de calidad» para nuestro negocio.

Para ello tenemos que conocer algunos datos importantes. Para ello, deberías preguntarte:

### ¿Cuáles son los objetivos de su negocio al contratarte?

Necesitas saber de qué va su negocio y cuáles son sus objetivos empresariales; en concreto, sus objetivos al llevar a cabo el proyecto que quiere contratarte.

Sólo con esto ya te estarás quitando de en medio a posibles clientes indecisos sin objetivos claros en su negocio que no sepan ni lo que quieren. Además, denotará que eres un profesional que no hace servicios mediocres, sino que se centra en ayudar a conseguir objetivos al cliente. Así pues, con esta pregunta sabrás si tiene una necesidad que tus servicios realmente pueden cubrir.

No es necesario entrar en detalle porque después ya indagaremos en los problemas de fondo que hayan motivado la contratación de tu servicio.

No obstante, es importante que establezcas desde el comienzo que sabes que hay un motivo empresarial ligado a la compra de tu servicio y que no te limitas a realizar trabajos técnicos o simplemente «bonitos», sino que tu trabajo intenta lograr unos objetivos para el beneficio de tus clientes.

**¿Puede permitirse contratar tus servicios?**

Imagina que inviertes horas y horas en hablar con un cliente por teléfono o email, reunirte, preparar un presupuesto detallado a medida y al final te dice que tu propuesta es muchísimo más elevada de lo que esperaba o puede permitirse. O peor, que directamente no tiene presupuesto y lo que necesita es algo lo más barato posible.

La cuestión es que no siempre queremos exponer nuestros precios abiertamente y por eso es importante saber si realmente el cliente potencial tiene capacidad económica y puede permitirse nuestro servicio antes de perder el tiempo con alguien que busca el low cost.

Hablar de dinero puede resultar difícil así que lo mejor es hacerlo desde el principio, dentro de nuestro proceso de gestión con los clientes y estandarizarlo al máximo para que no resulte incómodo para ninguna de las partes.

De primeras ningún cliente te va a querer decir cuánto tiene pensado gastarse porque realmente cuanto menos pueda gastarse mejor para él; y, además, puede que piense que, si te dice una cifra, entonces tú la vas a igualar o superar y que si no te dice nada igual resulta que tu servicio cuesta menos.

Por eso lo mejor sería que tú mismo añadieses a tu formulario de cualificación un apartado donde le preguntas qué presupuesto tiene, incluso dándole varias opciones o rangos de precios para marcar. La cifra inferior que ofrezcas entre las opciones sería el precio del que parten tus servicios. Es decir, el precio mínimo por el que empiezas a trabajar. Si su presupuesto es inferior, entonces ya sabrás de antemano que no cuenta con presupuesto suficiente para invertir en tus servicios.

**¿Para cuándo lo necesita?**

Tenemos que saber si se trata de un proyecto que vamos a poder asumir también teniendo en cuenta los tiempos y la carga de trabajo y proyectos que tengamos en cola en ese momento. Y también tenemos que ver con el cliente si realmente su proyecto es urgente o si puede esperar a ser atendido si fuera el caso.

La mayoría de los clientes van a querer el trabajo cuanto antes, pero es necesario entender que algo es urgente sólo cuando realmente hay una fecha tope y si se pasa la fecha trae consecuencias negativas importantes para el cliente (por ejemplo, el trabajo es para un evento o feria en una fecha concreta). Así que es importante saber hasta qué punto estaríamos hablando de un trabajo urgente porque también las urgencias tienen un coste diferente ya que tendremos que priorizar ese proyecto haciendo horas extra si se diese el caso y puede que además dejes parado el proyecto de otro cliente con los consiguientes daños colaterales.

El cliente también debe saber que nosotros tenemos una agenda y una disponibilidad y que no podemos cambiar los planes de buenas a primeras porque cada cliente merece nuestro tiempo y dedicación por igual.

**¿Es quien toma las decisiones en el proyecto?**

He trabajado en proyectos en los que mi cliente era en realidad un intermediario y cada paso que daba en el proyecto tenía varios filtros: primero, los cambios que me pedía el cliente desde su punto de vista; y después, los que le pedía su cliente sobre esos cambios. El proceso se alargaba hasta el infinito y los cambios venían por duplicado.

También he trabajado con clientes que después tenían que presentar los proyectos en un comité donde varias personas se tenían que poner de acuerdo para opinar sobre el trabajo (aunque no tuvieran ni idea sobre diseño) y después mi cliente me lo trasladaba a mí. Daba igual los argumentos que yo le diera al cliente porque él se los podía transmitir al comité, pero el comité imponía sus criterios y no hablaban directamente conmigo que era quien podía realmente dar unos argumentos con criterio.

Asimismo, he tenido que pasar presupuestos a secretarias o intermediarios que realmente no iban a tomar la decisión de su aprobación y que simplemente pasaban el papel a su superior para que decidiera sin ni siquiera haber hablado primero conmigo.

Te puedo asegurar que han sido los peores proyectos en los que he trabajado y digamos que, de primeras, podían parecer los más rentables porque el presupuesto probablemente era superior teniendo en cuenta que estábamos hablando de empresas no tan pequeñas.

Debemos huir de este tipo de situaciones. Queremos tratar con la persona que va a tomar las decisiones tanto de compra como dentro del proyecto.

Es importante que el contacto se tenga siempre con alguien que esté a ese nivel y no con un intermediario que después tenga que rendir cuentas a un superior o a su cliente.

De lo contrario será mucho más difícil que el presupuesto sea aceptado porque quien toma la decisión únicamente se basará en el precio; y, además, si llega a ser aceptado cada pequeño detalle o feedback tardará mucho más en llegar y el proceso de trabajo no será fluido y se alargará mucho más en el tiempo.

Es necesario que la persona que se va a reunir contigo sea quien tome las decisiones sobre la contratación y el proyecto.

Si la persona que te contacta es un intermediario dentro de una empresa, pregúntale si es necesario invitar a alguien más a la reunión porque es vital que esté presente la persona que toma las decisiones sobre el proyecto. No queremos «vendernos» a un empleado y después que él nos «venda» a su jefe.

Si en la empresa hay un departamento o una persona que después va a gestionar el proyecto (en lugar del responsable del negocio), es sumamente importante dejar claro que sólo vas a tratar con una persona que asignen como responsable del proyecto (y que a partir de ese momento él será tu cliente para ti); y que, si las decisiones después las tienen que tomar entre varias personas, que las tomen antes de comentarlas contigo para que todo fluya como debe.

**¿Tiene tiempo suficiente para involucrarse en el proceso de trabajo?**

Dado que nuestra profesión requiere la participación de la otra parte tanto para la entrega de información como para el briefing, feedback, etc. necesitamos estar seguros de que el cliente entiende que su papel es importante durante el proceso y que tiene suficiente tiempo para implicarse y que así todo para que todas las piezas del engranaje encajen.

También tenemos que asegurarnos de que el cliente comprende cómo se trabaja en un proyecto como el que quiere contratarnos porque no queremos que piense que con pagar el trabajo ya ha terminado su parte de dedicación.

**¿Es un tipo de cliente con el que quieras trabajar?**

Si estás enfocado en una especialidad y un nicho concreto con unos objetivos claros en tu negocio, tendrás que analizar si el proyecto reúne las características concretas con las que tú quieres trabajar o si por lo contrario se sale por completo de tu línea de negocio.

Si te diriges al mercado de los negocios online basados en estrategias de blogging tendrás que centrarte en ese tipo de proyectos y descartar los proyectos que no tengan que ver como, por ejemplo, diseño web para restaurantes.

Estas son sólo algunas de las preguntas importantes, pero dependiendo del tipo de servicios que ofrezcas también sería interesante saber en qué punto del proceso se encuentran. Por ejemplo, si quieren una web estaría bien saber si ya tienen definida una estructura y contenidos o parten de cero, si ya tienen imagen corporativa y demás.

Para poder llevar a cabo esta cualificación yo la dividiría en dos fases:

1º Que el cliente rellene un formulario para que valoremos su caso

2º Una reunión para conocer el proyecto en detalle

**1º fase – Formulario web o email**

Para mí es mejor iniciar el proceso desde la web con un formulario de contacto o de solicitud de presupuesto y tener ahí un primer filtro.

De esta manera, con un simple formulario estaremos conociendo mejor a la persona que está detrás y podremos identificar si realmente queremos dar el siguiente paso o por el contrario rechazaremos su proyecto. También evitará que muchos clientes que no te interesan decidan ponerse en contacto contigo.

Además, por el otro lado, el cliente verá que nos importa su empresa y que queremos conocer más detalles para intentar ayudarle.

Lo ideal sería crear un formulario (o varios según los que necesites en tu caso) con las preguntas necesarias en cada servicio de tu web o en la sección para pedirte presupuesto si tienes una en tu web.

Si utilizas WordPress puedes crear tus formularios con el plugin Contact Form 7 o también puedes utilizar la herramienta Typeform. Esta segunda herramienta no muestra el formulario completo desde el principio lo que es una buena idea si tu formulario es muy largo porque esto puede echar para atrás al cliente. Si tienes muchas preguntas o requisitos para filtrar a tus clientes potenciales, otra opción es poner un formulario corto pidiendo nombre e email simplemente para que no cueste tanto el primer contacto. Después puedes responder a su correo con un email donde ya le haces las preguntas y le pides más información.

También es posible que te lleguen emails porque te ha recomendado alguien y ha dado tu contacto. Eso sí, por experiencia yo intentaría evitar poner tu teléfono públicamente en la página web para que el proceso siga el flujo que tú marques y evitar tener que contestar llamadas en cualquier momento sin estar preparados porque igual nos pillan fuera de casa o de la oficina, o en un momento en el que no puedes atender a la persona en condiciones o que te rompe tu agenda.

Si no queda otra y te llama un cliente o te escribe un email para pedirte un presupuesto lo mejor es hacerles llegar vía email un cuestionario para que contesten a nuestras preguntas antes de nada. O si es por teléfono pregúntaselas directamente; y si crees que encaja y puedes ayudarle, entonces comenta para fijar una reunión por Skype (o el medio que tú elijas).

**2º fase – Reunión con el posible cliente**

Después de rellenar el formulario, y si creemos que el cliente encaja con los requerimientos que nosotros hayamos establecido, lo mejor es tener una breve reunión (preferiblemente por Skype para no perder tiempo de ninguna de las partes en desplazamientos) y así conocer mejor las necesidades del cliente y ver si realmente podemos ayudarle. También esta reunión servirá para conocernos y ver si existe feeling con este cliente porque al final eso también es importante a la hora de trabajar mano a mano en un proyecto.

Después de la reunión estaremos mucho más preparados para ofrecerle una solución adecuada y será mucho más fácil que después la propuesta que le enviemos se convierta en venta antes que pasar un presupuesto sin haber tenido una relación mínima con el posible cliente.

Sobre todo, en proyectos con presupuestos elevados, es necesario tener este cara a cara para conocernos, generar confianza y demostrar que entendemos su problema y que podemos ayudarle y asesorarle.

Así que estos filtros tienen un doble objetivo: primero saber si el cliente nos conviene y podemos ayudarle; y segundo, demostrar al cliente nuestra profesionalidad y que tenemos el control de la situación.

Este segundo objetivo es necesario porque queremos evitar tener una primera reunión que parezca una entrevista de trabajo y que nuestro cliente nos acabe tratando como si fuese nuestro jefe.

Esto es clave en el negocio porque muchas veces huimos de trabajar por cuenta ajena porque queremos tener libertad y ser nuestros propios jefes y al final acabamos trabajando como autónomos para mil jefes que nos dan órdenes como si fuésemos empleados.

Para evitar esto lo mejor es mostrar desde el primer contacto que tú eres un profesional con unos procesos concretos en tu negocio y que te gusta trabajar de una determinada manera.

Así tendrás la sartén por el mango y será más probable que te traten como a un asesor o consultor profesional y no como un robot que ejecuta instrucciones.

## Qué preguntar en la primera reunión

La primera reunión con un cliente puede que te ponga nervioso, pero tómatelo como una charla para ver si encajáis y si crees que le puedes ayudar.

Así que vamos a enfocarla en escuchar al cliente, entender su negocio, sus problemas y las posibles soluciones. Queremos que nos vea como un asesor, que vea que le podemos aconsejar más allá de los detalles técnicos que puede requerir el proyecto.

Intenta ser natural, no hagas de comercial porque se nota a leguas cuando estamos desesperados por captar un cliente o cuando sólo queremos datos para pasarle una cifra sin importarnos su negocio.

Él no quiere que le vendas tus servicios, quiere ver que tú le puedes ayudar a conseguir sus objetivos. Es importante que vea que nos centramos en entender el problema y buscar la solución en lugar de pararnos en detalles técnicos nada más comenzar.

Por eso, hablar de su negocio es una buena manera de romper el hielo y de diferenciarte de la competencia que posiblemente se va a centrar en los detalles técnicos desde el principio con el presupuesto en mente en lugar de mostrar interés real en el problema de la otra persona.

Tener un guion preparado es muy útil para que durante la conversación tengas en cuenta algunos detalles necesarios como pueden ser los siguientes:

- A qué se dedica, si acaba de empezar o lleva ya tiempo en el mercado, qué actitud ves que tiene o qué tipo de cultura de negocio intuyes que tiene. Esto te ayudará a saber si encaja con tus servicios, tu visión de negocio y si tenéis feeling.

- Aportar ideas que puedan ayudar a que el cliente entienda que te preocupas por el retorno de la inversión de tu servicio.

- Mostrarte como un asesor y no como un ejecutor de servicios más.

- Comprender lo que les ha motivado a ponerse en marcha con el proyecto y que la conversación gire en torno a la resolución de ese problema.

Por tanto, los cuatro puntos importantes para tu cliente que necesitas tratar en la primera reunión serán:

- Entender bien el proyecto que quieren que llevemos a cabo.
- Entender el problema de fondo que le lleva a contratar el servicio.
- Encontrar juntos una solución y un mapa de ruta para llevarla a cabo y centrar en qué lugar nos encontramos.
- Que vea que somos una inversión en lugar de un gasto.

Para poder hablar sobre todos estos temas, lo mejor es explicarle a tu cliente el objetivo de la primera reunión cuando vayas a fijar una fecha en la agenda con él.

Seguramente durante la reunión el cliente tendrá ciertos miedos o dudas sobre tus servicios. También es importante anticiparse a todas estas posibles objeciones para poder resolverlas al momento y disminuir un poco el nivel de miedo o desconfianza que le pueda producir el hecho de que es la primera vez que se interesa en tus servicios.

Por eso, es importante que identifiques todas las posibles dudas, miedos u objeciones que el cliente te pueda plantear frente al servicio que te quiere contratar, aunque lo tengas todo detallado en tu página de venta de tu web.

## Consejos y recomendaciones para la primera reunión

- Antes que nada, estudia a tu cliente, comprende bien la información que te han detallado en los emails previos y entra en su web (si la tienen) y empápate bien de lo que hacen, para quién y qué servicios tienen.
- Sé tú mismo y no intentes parecer alguien que no eres.

Ten muy en cuenta tu propio negocio, personalidad y propuesta de valor que te diferencia de la competencia.

- Céntrate en escuchar, aportar valor y asesorar en lugar de en vender.
- Sé transparente, si algo no puedes llevarlo a cabo dilo y si es posible recomienda a otro compañero.
- Confía en tu capacidad y talento para ayudar a otros negocios. No necesitas ser una gran empresa, consultoría o estudio de diseño para poder hacer bien tu trabajo.
- Puede que el cliente no quiera darte toda la información que requieres, tampoco insistas o presiones.
- Cuando escribas a tu cliente para marcar la fecha en la agenda, indica el tiempo aproximado de la reunión (30 min, 45 min…) así podréis ir al grano y evitarás que se extienda demasiado convirtiendo la reunión en una sesión extensa de consultoría o formación gratuita.
- Cuida tu presencia y el espacio de la reunión aunque sea a distancia.
- Toma notas de todo lo importante. Si puedes grabar la reunión mejor.
- Intenta ir al grano y guía la reunión hacia los puntos que quieres tratar.
- No des precios cerrados si se trata de un presupuesto a medida.
- Indica que no puedes darle un precio cerrado ahora mismo y que tienes que valorarlo. Puedes decirle que todos tus proyectos de este tipo empiezan con un presupuesto de base de XXXX€.

## Cómo identificar el problema de fondo del cliente

Como decía en el punto anterior, cuando un cliente quiere contratar un servicio o desarrollar un proyecto está buscando solucionar un problema de fondo de su negocio.

Así que, en la mayoría de los casos cuando un cliente te contrata lo que busca no es un diseño bonito o una web moderna, lo que busca realmente es: o tener más ingresos o tener menos costes gracias a ese diseño o esa web. Eso sí, estoy hablando siempre como freelance que vende servicios a otros negocios y no a particulares.

Así que tienes que centrarte en mostrar que eres una inversión para tu cliente y no un gasto más y que el valor entregado de tu servicio es superior a esta inversión.

Normalmente tus clientes aparecerán y te dirán, «necesito una web» o «necesito un logo» o «necesito X» pero lo que queremos averiguar es por qué lo necesitan. Así que, para romper el hielo lo mejor es comenzar preguntando qué necesitan y que te cuenten un poco más sobre el diseño o servicio que te han solicitado.

No te pares en profundizar desde el inicio en detalles técnicos del tipo «cuántas páginas debe tener la web» o «qué estilo de logo quieres». Empieza por investigar por qué necesitan hacer esa web o invertir más dinero en cambiar el logo o en el proyecto que te quiera contratar.

Seguramente de primeras se quede en lo superficial y la respuesta sea del tipo «porque está desfasado», «porque no me gusta», «porque funciona mal». Pero si seguimos indagando y tirando del hilo al final veremos que el problema de fondo tendrá más que ver con que no tienen ventas, tienen menos clientes, no llegan al público adecuado o lo que sea.

Así que conociendo cuál es el problema de fondo, le podrás dar una mejor solución para conseguir los objetivos con este proyecto y estarás interesándote por su negocio para intentar asesorarle y ayudarle.

## Cómo encontrar una solución y definir un mapa de ruta

Una vez hemos identificado el problema de fondo tenemos que encontrar junto con el cliente una solución y un mapa de ruta para llevarla a cabo y centrar en qué lugar nos encontramos.

Quizás el cliente viene con la idea de crear un proyecto super complejo. Tú te das cuenta de que la mitad de las cosas sobran en una primera fase y se pueden desarrollar más adelante, o se pueden eliminar directamente porque no van a solucionar su problema de base o en este momento va a ser un gasto innecesario.

También es posible que el proyecto esté en una fase demasiado preliminar y tu parte de trabajo todavía no se pueda realizar ni detallar porque deberían desarrollar otras fases primero (como puede ser un plan de marketing, copywriting, estrategia digital…).

Hace tiempo trabajé en una web junto con un programador que debía implementar algunas funcionalidades técnicas concretas y el cliente no tenía bien desarrollado el proyecto: no tenía claro el texto, ni las secciones, ni los objetivos, ni las funcionalidades concretas que debíamos desarrollar el programador y yo.

Fue un auténtico caos para mí, para el programador y para el cliente que no sabía por dónde le daba el aire y que iba improvisando sobre la marcha pidiendo cambios y cosas nuevas. Desde luego no fue rentable para ninguno de los dos y tampoco creo que lo fuera para el cliente porque no tenía unos objetivos claros con su negocio.

Así que averigua bien qué pasos cree el cliente que debe dar hasta llegar a sus objetivos con este proyecto y también los detalles y características concretas de lo que cree que necesitan contratarte. Por eso debes ser honesto:

- Si tú consideras que hay cosas del proyecto que no funcionarían o sobran dilo.
- Si crees que faltan pasos dilo.
- Si crees que necesitan ampliar el proyecto con otro profesional dilo.
- Si crees que deben desarrollar la estrategia de marketing antes de hablar contigo dilo.
- No digas que sí a todo porque sí.

Imagina que un cliente te pide una web y quiere crear una tienda enorme para vender infoproductos. Tú ves que existen otras soluciones alternativas mucho menos complejas y orientadas a ese tipo de actividad porque conoces el mercado y has investigado antes de la reunión. O que quiere vender online pero piensa que con crear la web y esperar empezará a vender sin hacer nada más.

Deberías informarle y asesorarle con lo que tú crees que es la mejor solución para él, que puede ayudarle a conseguir sus objetivos y no centrarte en que si te pide una tienda online es más pasta para ti.

Imagina que además no tiene textos ni secciones ni fotos para la web, puedes indicarle que lo primero es desarrollar esa fase previa antes de comenzar con el diseño y puedes recomendarle a otro profesional que se dedique a ello para que le ayude.

Lo mejor es intentar dibujar un mapa con el cliente para ver entre los dos los pasos necesarios para poder crear un proyecto que funcione para su negocio y obtener así los resultados que busca.

Entonces las preguntas que debes plantear son: ¿realmente esta funcionalidad o este proceso le va a acercar a solucionar su problema? ¿Qué prioridad tiene este detalle concreto o este otro dentro de todo el proyecto? Puede que haya detalles que lo único que conlleven sea un aumento en el presupuesto y que realmente no sea necesario en este momento.

Si ves que el proyecto está en una fase muy primaria y que lo que te pide todavía es pronto para llevarla a cabo porque es necesario desarrollar otras fases previas, indícaselo.

Si tienes un servicio de auditoría o asesoría quizás pueda ser una mejor opción antes de comenzar con un proyecto más grande.

Por ejemplo: si haces diseño web y un cliente quiere renovar la suya pero no sabe ni por dónde empezar, ni sabe qué secciones poner, ni qué textos, ni tiene copy podrías ofrecerle un servicio de auditoría o consultoría con precio cerrado que ya tengas desarrollado en tu cartera de servicios para identificar: primero qué es necesario hacer; y, segundo, poder presupuestar una ejecución de tu parte del desarrollo de la web con todos los elementos y estructura que hayas definido.

Esto también se hace en el sector del marketing. Hay agencias que primero te hacen un presupuesto para desarrollar el plan de marketing y todo lo que sería necesario hacer y, después, un presupuesto con la ejecución de cada estrategia o campaña.

Quieres ser una inversión y no un gasto y por eso vas a proponer una solución que ayude de verdad a resolver su problema y eliminar extras innecesarios.

Finaliza la reunión comentando cuáles son los siguientes pasos.

Si la charla ha ido bien concluye diciendo que le vas a preparar un presupuesto y se lo enviarás por email en los próximos días.

Si al finalizar la conversación no tienes claro que quieres trabajar con este cliente por el motivo que sea no le digas de manera automática que vas a pasarle un presupuesto. Valora bien si quieres implicarte en el proyecto y si realmente puedes y quieres llevarlo a cabo. Dile que vas a estudiar su caso y que le enviarás un email en los próximos días.

## Aprende a rechazar clientes que no te convienen

Ya os he hablado de la importancia de establecer unas bases en tu negocio y especializar tu oferta a un nicho de mercado concreto.

Tener esta base establecida para posicionarte en el mercado no sirve de nada si después no haces un filtro y aceptas cualquier proyecto que venga.

Por eso es muy importante la fase de cualificación. Sin embargo, no sirve de nada realizar este filtro si después no tomamos las decisiones adecuadas.

Decir que NO cuesta y más cuando tienes facturas que pagar. Lo entiendo y a mí también me cuesta porque siempre tiendo a complacer a todo el mundo en contra de mi propio beneficio. No puedo obligar a nadie a tomar este tipo de decisiones, pero tengo la obligación de insistir en este punto porque de verdad es muy muy importante y sé que para muchos está siendo difícil.

Lo que sí puedo decir es que yo lo he aprendido y me he dado cuenta de que no me convenían ni a mí ni a mi negocio porque, por aceptar proyectos nada rentables o que se encontraban fuera de mi rango de servicios, he acabado dándome una buena leche.

Aceptar trabajos que no están alineados con tu negocio te atasca y no te deja avanzar hacia tus objetivos y el posicionamiento y visibilidad que quieres tener.

Todo esto trae una consecuencia muy gorda: no vas a poder llegar a más y mejores clientes que paguen lo que de verdad te mereces y te ayuden a posicionarte en un nicho que te de visibilidad y te diferencie de tu competencia.

## Qué tipo de clientes o proyectos deberías evitar

Según mi experiencia hay algunos tipos de clientes o proyectos que intentaría evitar. No tengo nada en contra de ellos y en algunos casos concretos puede ser interesante trabajar para algunos de ellos (como cuando se acaba de empezar y no se tiene portafolio, por ejemplo). Déjame que te explique.

Los siguientes tipos de cliente o negocio no se ajustan a la metodología y modelo de negocio que intento enseñar en *Imperio Freelance*.

### - Proyectos fuera de tu nicho

Ya lo he comentado antes. No puedo tomar la decisión por nadie, pero si quieres que las estrategias que propongo funcionen, entonces será necesario que te centres en los objetivos que quieres conseguir y rechazar propuestas de clientes que no tengan nada que ver con tu nicho.

Puedes recomendar a otro colega de profesión. De esta forma, también a la inversa te podrán recomendar a ti en los proyectos en los que tú puedas aportar el máximo valor porque estás especializado.

Si empiezas a realizar trabajos fuera de tu nicho no tendrás un portafolio especializado que realmente atraiga al público en el que te quieren enfocar y mucho menos a tu cliente ideal.

Cuando por el contrario nos enfocamos en un nicho concreto, es más fácil que gracias a ese proyecto puedan salir nuevos clientes del mismo nicho.

**- Proyectos en los que no estás especializado**

Cuando empiezas a aceptar proyectos de servicios que no controlas ni tienes desarrollados te arriesgas a que no sean rentables y a desviarte de tu foco.

Si identificas que es un servicio que no has tenido en cuenta y puede ser interesante para empezar a ofrecer, entonces hazlo porque puede ser una buena oportunidad para ampliar tu oferta y cubrir una necesidad demandada.

Pero, si por el contrario, se trata de algo que no te gusta, no dominas o que no se complementa con el resto de servicios y se trata de una necesidad aislada, entonces no lo hagas.

No tienes que aceptar todo lo que te venga, de hecho, es un gran error hacerlo y un desgaste muy grande tener que crear servicios sobre la marcha sin conocer el flujo de trabajo, ni cuánto cobrar y encima tener que desarrollarlo con la presión de entregar el presupuesto en poco tiempo.

**- Clientes sin presupuesto**

Aunque pongas el filtro del precio, te encontrarás con clientes que no tienen dinero y que te quieren rebajar el precio como sea. Con el método que te estoy enseñando podremos ir espantando a este tipo de clientes que no te convienen nada.

Por el contrario, si encuentras un proyecto o cliente de tu nicho que tiene un negocio que te parece super interesante y que te puede ayudar a crear portafolio porque estás empezando, no estaría mal intentar hacer algún intercambio de servicio o incluso hacer algún trabajo gratis porque realmente te interesa involucrarte en el proyecto por decisión propia. Eso sí, estableciendo unas condiciones para que la colaboración no se alargue en el tiempo y no te conviertas en el freelance gratuito de por vida.

Si tienes un objetivo concreto con ello, entonces hazlo. Creo que trabajar gratis o con un precio reducido de manera sistemática es un error, pero en casos concretos en los que tú quieres hacerlo porque pueden favorecer a tu negocio entonces puede ser una buena idea. Analiza bien en lo que te metes.

**- El proyecto tiene un plazo muy limitado**

Si no tienes tiempo para llevar a cabo el proyecto, entonces lo mejor que puedes hacer es rechazarlo y delegarlo en otro colega. Si, por el contrario, tienes el calendario completo, pero estás dispuesto a meter horas extra o a posponer otros proyectos, entonces hazlo pero con su correspondiente aumento de precio por urgencia.

**- Feeling con el cliente o proyecto**

Si el proyecto no te motiva nada, va en contra de tu ética profesional, con el cliente parece que no hay feeling o tiene unos valores con el negocio y la vida que no van contigo entonces tienes dos opciones: o rechazarlo o cobrarlo más caro para que no lo acepten; y, en el caso de que lo hagan, que por lo menos te compense económicamente.

**- Agencias y estudios de diseño**

Como ya he comentado, nuestra idea es poder tratar con el cliente final y quien toma las decisiones en el proyecto sin intermediarios. Yo he estado en la cartera de diseñadores freelance para varias agencias que me traían trabajo de manera bastante continua, lo cual era bastante cómodo porque no tenía que hacer la labor comercial ni el trato con el cliente final para venderle mis propuestas, sino que se encargaba de todo eso la agencia y yo de diseñar.

El problema de este tipo de cliente es que los precios los marca normalmente la agencia, o te hace ajustar mucho los presupuestos para que ellos puedan llevarse un buen margen. Con lo que en ese sentido no puedes tener control sobre las tarifas y obtienes unos ingresos bastante estancados.

Además, las decisiones sobre el trabajo pasan por varias manos y tienes que hacer cambios sobre los cambios, con lo que el proyecto muchas veces se alarga en el tiempo.

Por lo general, dependiendo de lo hablado, no cobras hasta que el cliente pague a la agencia y si el cliente, por lo que sea no les paga, quizás no veas tú tampoco el dinero a pesar de que la agencia sea tu cliente. Para más colmo normalmente no puedes incluir esos proyectos en tu portfolio porque se supone que es un trabajo de la agencia y no tuyo.

Creo que puede ser una opción muy cómoda cuando se está empezando o cuando se tiene una escasez de proyectos y se necesita unos ingresos inmediatos o complementarios, pero no para que sea la base de tu negocio.

## - Casos excepcionales

Teniendo en cuenta estos clientes y proyectos que yo rechazaría, siempre hay excepciones. Podemos tener cierta flexibilidad siempre y cuando la aceptación del proyecto pueda tener consigo otros beneficios colaterales que debamos tener en cuenta.

Hay veces que un proyecto puede que no parezca rentable económicamente, pero sabes que al hacerlo te va a dar mucha visibilidad y a traer muchos más clientes. No me refiero a los clientes que te piden rebaja prometiendo trabajo futuro. Me refiero a casos que tú mismo identifiques y creas que a la larga pueden ayudarte a conseguir tus objetivos de negocio.

Ten en cuenta que cada vez que aceptas un proyecto que no te conviene, te alejas más de poder encontrar otros que de verdad te entusiasman y que pueden impulsar tu negocio.

Cuando decimos que sí a los proyectos a los que debemos decir que no, perdemos la sensación de control sobre nuestro negocio. Nos permitimos sentirnos obligados a decir que sí por miedo al rechazo o a que la otra parte se enfade. Como he dicho antes, hay que ser firme, porque nadie más lo va a hacer por ti y no tienes que complacer a todo el mundo.

Cuando empieces a aplicar todo esto, te darás cuenta de que la cosa empieza a cambiar: la gente va a respetar y valorar tu tiempo y trabajo más porque tú también te vas a respetar a ti mismo y a tu negocio.

# CASO DE ÉXITO: Eloy Ortega

Alumno del Programa Formativo Imperio Freelance
www.eloyortega.com
Diseñador web en WordPress

**¿Qué te motivó a hacer cambios en tu negocio y a implementar una estrategia de marketing?**

Necesitaba llevar el control en mi negocio y poder llevar yo la iniciativa en lugar de tener que reinventarme para cada proyecto y cliente.

**¿Cuánto tiempo tardaste en implementar los cambios propuestos en *Imperio Freelance*?**

Nunca se termina de implementar cambios, hay que reflexionar mucho, testear y optimizar. Es un proceso de revisión y mejora constante.

**¿Qué resultados has obtenido gracias a estos cambios en tu negocio?**

Estoy ganando en seguridad, confianza y motivación. También una mayor conciencia de la importancia de contar con una estrategia. Además, tengo acceso a los vídeos y materiales del curso que se van actualizando y cuando quiero mejorar en algunos aspectos recurro a ellos.

He conocido e intercambiado servicios con una copywriter porque me he dado cuenta de que crear sinergias entre profesionales es muy enriquecedor. También es cierto que el curso es un apoyo, no podemos pensar que nos va a resolver todo por sí solo, todo depende de nosotros mismos, pero sí que es un guía muy importante que siempre está presente en mi toma de decisiones.

**¿De qué manera *Imperio Freelance* ha cambiado tu negocio o tu vida?**

Básicamente me ha ayudado a tener foco y a darme cuenta de la importancia de la especialización y la sistematización para poder ofrecer lo mejor de uno mismo y con la mayor rapidez. Es muy importante tener claro quién eres y qué puedes ofrecer en lugar de tratar ser alguien diferente para cada cliente o proyecto.

**¿Cuál ha sido la mayor sorpresa o el mayor impacto durante todo el proceso?**

Mi sitio web es mucho más completo que el que tenía antes del curso y como esto es un proceso constante espero que en breve lo sea mucho más. Se me siguen ocurriendo nuevos servicios y mejoras que implementar. El curso es un punto de partida, una semilla y un empujón. Diría que el impacto mayor se produce en la manera de ver tu negocio, las mejoras posteriores dependen de ti, pero partirán de ese cambio de mentalidad.

CAPÍTULO 4:

## SERVICIOS Y PRECIOS

# Cómo afectan los precios a la percepción del valor del servicio

## La psicología del precio

Para nosotros los freelancers, en la mayoría de los casos, poner precio a nuestro trabajo es una tarea complicada; y más aún si hablamos de que ofrecemos servicios intangibles y no tenemos formación en cuestión de negocios o empresas como fue mi caso.

Así que en los próximos párrafos voy a explicarte cómo, de una manera lo más sencilla y metódica posible. fijar precios y calcularemos nuestras tarifas para poder cobrar un precio justo, tanto para nosotros como para nuestro cliente.

Pero antes de ponernos a hacer cálculos (que no serán para nada complicados, por cierto) quiero hablar de cómo afectan los precios al valor que percibe el cliente de nuestro servicio.

Y es que el precio tiene un componente psicológico muy fuerte ya que influye directamente en las expectativas que el cliente tiene en relación con el servicio.

Por lo general, tenemos miedo a poner precios demasiado altos porque pensamos que vamos a espantar a los clientes, pero no nos damos cuenta de que poniendo precios demasiado bajos podemos estar consiguiendo el mismo efecto.

Muchas veces pensamos que, si ajustamos los precios, vamos a poder llegar a más clientes y nos van a aceptar más presupuestos. Sin embargo, se puede dar el caso de que, si el cliente considera que el precio es demasiado bajo, piense que el servicio entonces será también de baja calidad y por tanto elija a otra persona que perciba más profesional o más capacitada.

Por ejemplo: para una empresa grande una web de 1200 € le puede parecer barato y para un freelance una de 600 € le puede resultar caro.

Así que no todo se basa en el precio final del servicio, existen más factores que van a influir en la percepción del valor de nuestro trabajo.

Una vez tuve que pasar un presupuesto web para una agencia que necesitaba delegar el tema en un freelance. Me explicaron lo que necesitaban y les mandé el presupuesto. Al recibirlo se pusieron en contacto conmigo de nuevo para ver si había comprendido bien las dimensiones del proyecto porque el precio le parecía demasiado bajo. Nunca me había pasado algo así y encima cuando le había pasado el presupuesto lo había enviado con miedo a que fuese demasiado alto. Nada más lejos de la realidad.

Siempre tenemos esa tendencia a bajar los precios por miedo a que el cliente crea que es caro. Yo he tenido ese miedo. Estamos acostumbrados a pensar con mentalidad de consumidores particulares y no asumimos que en cuestión de negocios las cifras pueden ser bastante más altas.

Por eso es fundamental tener un buen equilibrio entre el precio de nuestros productos y la calidad y beneficios que se perciben de ellos. Lo que yo quiero en esta sesión es poner énfasis en ofrecer servicios de calidad premium acorde a nuestro posicionamiento en el mercado que estamos potenciando en este curso y centrarnos en aportar el máximo valor a nuestros clientes.

Así pues, debemos ofrecer servicios de calidad premium acordes a nuestro posicionamiento y, para ello, tendrás que dejar de lado los servicios con precios «low cost». Para poder empezar a tener más clientes premium, tenemos que cambiar el chip y dejar de pensar en bajar los precios y en lugar de eso empezar a subirlos.

## Por qué no deberías trabajar low cost

Aparte del motivo principal que acabo de explicar, hay otros motivos por los que nunca recomiendo poner precios low cost.

Lo primero es que no somos una aerolínea y no tenemos la infraestructura adecuada para poder hacer una estrategia de este tipo. Además, acabo de decir la palabra «estrategia» y normalmente cuando ponemos precios bajos lo hacemos sin ton ni son y sin un objetivo estratégico concreto. O peor, igual tenemos unos servicios tirados de precio y ni siquiera lo sabemos hasta que empezamos a sufrir las consecuencias y nos damos cuenta de que si seguimos así perderemos dinero.

Por otro lado, cuando cobramos precios demasiado bajos tenemos la constante sensación de que estamos trabajando más horas o dedicando más tiempo al proyecto de lo que deberíamos, y por tanto, te frustras, enfadas y haces lo posible por terminarlo cuanto antes y eso deriva en trabajos de una calidad mediocre. Además, cuando reducimos tiempos de trabajo normalmente acortamos las etapas de investigación y de inspiración y acabamos haciendo trabajos en plan «sota, caballo y rey» lo que genera mucho desgaste y dudas sobre si realmente eres bueno en lo tuyo dada tu falta de creatividad. Y si esto lo alargamos en el tiempo acabaremos desmotivados y con nuestra pasión por la profesión por los suelos.

Otro motivo más es que cuando un cliente paga un servicio barato normalmente su nivel de interés e implicación en el proyecto disminuye y por tanto estarás atrayendo a un tipo de cliente que no te interesa para nada (y suele generar también la atracción de clientes tóxicos que no valoran tu trabajo). La realidad es que el cliente se toma en serio los proyectos y se implica de verdad cuando valora lo que va a contratar y cuanto mayor es el esfuerzo económico o la inversión que le supone para su bolsillo. Si tú no valoras tu trabajo el cliente no lo va a valorar tampoco.

## Cómo quitar el miedo a cobrar precios elevados

Para poder poner unos precios más elevados la clave es sentirnos cómodos con el precio y para ello tenemos que poner el foco en ofrecer servicios de calidad que realmente aporten el máximo valor y beneficios para tus clientes.

También tenemos que tener en cuenta que poniendo un precio con el que realmente te sientas a gusto y veas que aprecian tu trabajo, tú también vas a implicarte más, vas a trabajar mejor e incluso vas a intentar dar mucho más de lo que el cliente se espera de ti para intentar compensar el precio elevado si todavía te sientes un poco inseguro. Por tanto, tu trabajo será de mayor calidad y la experiencia de tu cliente será mucho más satisfactoria porque habrás superado sus expectativas.

Tenemos miedo a poner precios más altos pensando que vamos a perder clientes. Pero en realidad no queremos clientes que no puedan permitirse nuestros servicios así que, si los espantamos y no quieren trabajar con nosotros, nos estarán haciendo un favor porque nos ayudará a acercarnos al tipo de cliente con el que realmente queremos trabajar.

Nuestro posicionamiento como expertos es clave y, como ya hemos visto, tenemos que intentar ser los mejores de nuestra especialidad. Ser experto en una materia genera autoridad y eso también permite tener unos precios más elevados y que los clientes paguen lo que tú establezcas.

Debes ser consciente del tiempo, esfuerzo y dinero que inviertes en tu negocio y formación para ayudar a solucionar los problemas de tus clientes para que logren sus objetivos. Piensa en cuánto pueden estar ganando o ahorrando gracias a tu trabajo.

Así que no tienes excusa para empezar a cobrar lo que te mereces. Dicho esto, vamos a pasar a calcular nuestras tarifas.

## Cómo calcular tus tarifas

### Cuáles son los métodos para fijar tus precios

Bueno, te digo desde ya que no tengo una solución mágica y universal porque los precios de tus servicios seguramente variarán y evolucionarán con el tiempo ya que dependen de una serie de factores internos y externos.

Lo que voy a intentar es ayudarte y guiarte para que seas capaz de fijar tú mismo tus precios siguiendo algunos pasos y valores.

Vamos a ver cómo se pueden fijar los precios basándonos en tres técnicas tradicionales diferentes con sus pros y sus contras: primero nos fijaremos en nuestra competencia; en segundo lugar, nos basaremos en nuestros gastos mensuales y, por último, en el valor entregado al cliente.

**- Precios basados en la competencia**

Este método es lo típico que hacemos cuando no sabemos cuánto cobrar por un servicio. Investigamos un poco lo que están haciendo otros y ponemos unos precios normalmente inferiores.

Puede servirnos para saber cómo está el mercado y qué están ofreciendo los demás para encontrar cómo mejorarlo nosotros, pero no es una buena opción para fijar nuestros precios ya que hay factores importantes que no estamos teniendo en cuenta como son nuestros propios gastos o estilo de vida. Ten en cuenta que en la India, o en muchos otros países, el coste de vida es inferior y pueden permitirse cobrar la hora a 10 € o menos pero tú probablemente no.

**- Precios basados en los gastos y estilo de vida**

Con este modelo, lo que hacemos es conocer cuál es la línea límite sobre la que debes fijar tus precios y cuántos clientes vas a necesitar por servicio para poder ser rentable.

La mayoría de los freelancers calculan el precio de sus servicios de esta manera: cogen la tarifa/hora mínima mirando cuántos gastos tienen y cuánto tiempo cuesta desarrollar el servicio y listo.

Este cálculo nos permite tener unas tarifas orientativas de una manera sencilla (veremos después cómo hacerlo) pero solo tenemos en cuenta nuestra situación económica y no estamos teniendo en cuenta nuestro posicionamiento en el mercado, nivel de experiencia, calidad de los servicios o beneficios para el cliente y puedes estar dejando mucho valor fuera por guiarte únicamente por tus gastos y horas facturables.

Aunque es un método muy fácil para comenzar a marcar tus tarifas, en realidad no tiene mucho sentido que alguien que tiene muchos gastos cobre más que tú si tu trabajo es de mejor calidad.

Por eso vamos a ver el siguiente y último método.

**- Basado en el valor entregado**

Este último método es el Santo Grial y el más complejo para definir e implementar. Sería el pico de la pirámide y se basaría en el valor entregado a tu cliente.

Este método no se basa en un cálculo matemático como en el caso anterior, sino que se trata de una evolución natural basada en la experimentación e intuición según la demanda y carga de trabajo que tengas de tus servicios y el posicionamiento que vas adquiriendo en el mercado. Los precios más adecuados serán entonces los que tus clientes estén dispuestos a pagar en función de los beneficios que les aportas y el valor que va a generar en el negocio del cliente: aumento de ventas o de clientes, mejora de la eficiencia o mejora del posicionamiento de marca, por ejemplo.

Por supuesto tendrás que partir de una base mínima que será lo calculado con el método anterior para poder cubrir todos los gastos personales y profesionales, pero aquí el tope de precio lo irá marcando el mercado.

Se trata de ir poco a poco haciendo pequeños incrementos en nuestros precios para ir tanteando el mercado, subiendo nuestras tarifas de manera progresiva y reajustando cada cierto mes.

En la mayoría de los casos cuando un diseñador tiene una sobrecarga de trabajo rechaza directamente las propuestas que le vienen y ya está. Parece que las tarifas están escritas a fuego y en realidad no tiene que ser así. Deberías tomar medidas, escuchar estas señales y aprovechar esta alta demanda para poco a poco ir aumentando tarifas y de esta manera, ir evolucionando y subiendo de nivel.

Lo mejor es ofrecer a los clientes varias opciones de precios para cubrir los diferentes estratos dentro de tu nicho, pero eso lo veremos más adelante.

## Cómo calcular tu precio/hora

Como he dicho antes, es necesario poder conocer el valor de tu tiempo para hacer estimaciones de precios de tus servicios de base y no bajar de ahí nunca.

### - Ponte un sueldo

Teniendo en cuenta los gastos personales que has calculado en el punto anterior deberías ponerte un sueldo mensual como si trabajaras por cuenta ajena que deberá ser igual o superior a este dato.

Además, te hará ser más consciente de la realidad del freelance porque hay meses que tendrás mucho trabajo y entrará más dinero de lo habitual en el banco, pero otros meses, como en vacaciones por ejemplo, seguramente estarás en negativo. Es importante que, independientemente de que tengas unos ingresos mayores, algunos meses mantengas un sueldo estándar. Así te asegurarás de poder cubrirlo también cuando venga un mes con poca carga de trabajo o más gastos de lo normal.

Después, cuando tengamos todos los datos de los gastos bien definidos utiliza mi aplicación online gratuita CalculadoraFreelance.com para conocer tu precio/hora mínima y facturación mensual mínima para ser rentable.

No te quedes en el límite que marca la aplicación, incrementa tu tarifa/hora. La tarifa la marcas tú, tu experiencia, tu posicionamiento y el valor que aportas a tu cliente: no te quedes en los típicos 30 €- 40 € que cobra un diseñador generalista, tú eres experto y puedes tener una tarifa superior.

La tarifa no está escrita en el mármol, revísala cada cierto tiempo y aumenta tus precios progresivamente como he explicado anteriormente.

## Por qué deberías basar tus precios en el valor entregado

Como ves, hemos hablado de tres métodos para fijar los precios. En los dos primeros el precio del servicio se fija en función de los gastos o bien en comparación con otras alternativas del mercado.

No obstante, ambos enfoques tienen la desventaja de que pasan por alto el concepto de los beneficios para los clientes. Así que lo mejor que puedes hacer es fijar tus tarifas según el valor entregado y mostrar claramente a tus clientes los beneficios intangibles que proporcionan tus servicios ya que serán determinantes para la decisión de compra.

Ahora vamos a ver cómo poner el precio a tus servicios.

# Cuánto cobrar por tus servicios

## Cuáles son los tipos de cobros habituales en el mundo freelance

- **El autónomo dependiente**

Se trata del diseñador freelance que es contratado por una empresa para que trabaje para ellos en sus instalaciones como si fuera un empleado más, pero sin un contrato laboral, como autónomo. Desde mi punto de vista, es una práctica de la que solo saca beneficio la empresa ya que se ahorra mucho dinero por no tener que realizar un contrato laboral con lo que ello conlleva (seguridad social, vacaciones, pagas extra, indemnizaciones, bajas médicas...) y el diseñador pierde los beneficios de ser autónomo (como son la flexibilidad horaria o trabajar fuera de una oficina y ser tu propio jefe).

Así que, aunque aparentemente te pueda parecer que las condiciones son buenas porque te ahorrarás alquiler y tendrás un sueldo estable, si decides acceder a un contrato de este tipo deberás dejar aclarados previamente ciertos aspectos como tu periodo de vacaciones (que no te las pagarán) o qué pasaría si te pones enfermo, pero sobre todo deberás asesorarte muy bien antes de decidir acceder a esta opción y establecer tú mismo tu precio hora para que no pierdas dinero.

- **Fee mensual**

Cuando hablo de fee mensual me refiero a trabajar con un precio fijo al mes sin indicar las horas de dedicación, sino los objetivos o tareas recurrentes que se deben cumplir.

Este modelo es muy típico en agencias de marketing y estudios de diseño para asegurarse un cliente fijo y una entrada recurrente de dinero todos los meses. Además, para el cliente es interesante tener a un profesional de confianza cerca que ya conoce su empresa y puede realizar pequeñas tareas sin necesidad de redactar presupuestos para cada cosa.

Pero tiene un peligro, y es que tu cliente se lo tome como un bufé libre y cada vez te pida más cosas. Así que, en estos casos hay que delimitar muy muy bien todo lo que incluye el fee.

Puede ser bastante complicado porque si no lo detallas bien desde el principio al final acabas asumiendo cosas que son más complicadas y no estaban incluidas, llevan más tiempo del que pensabas o temas urgentes de última hora.

Además, no queremos estar continuamente diciendo al cliente que lo que nos pide se sale del fee y hay que presupuestarlo aparte o aumentar el fee. Y al final muchas veces acabas haciendo tareas de más sin cobrarlas y cada vez siendo más esclavo del cliente como si fueras un empleado.

También hay que tener en cuenta que se tiene que limitar de alguna manera la comunicación y las consultas que pueda tener el cliente, ya que si no ponemos unos límites estarás perdiendo tiempo en reuniones y llamadas de teléfono de consultoría gratuita cada dos por tres. Si identificas que el cliente necesita consultoría lo mejor es ofrecerle ese servicio aparte.

Se utiliza bastante este método para tareas recurrentes como en temas de marketing o mantenimiento y dudas técnicas en webs aunque, personalmente, me parece más complicado delimitar un fee mensual en temas de diseño si no se trata de tareas recurrentes fijas y no sabemos lo que se va a necesitar cada mes.

También está la opción de establecer un fee mensual por trabajar un día a la semana, por ejemplo, en exclusiva para los trabajos que necesite el cliente. Entonces habría que conocer qué se necesita llevar a cabo y planificar con el cliente lo que se va a poder hacer en el tiempo contratado.

- **Bolsas de horas**

Hay diseñadores que ofrecen una bolsa de horas con una caducidad y establecen para cada minijob que le puedan solicitar las horas estimadas de media, independientemente de si se tarda más o menos, y van descontando las horas de la bolsa comprada por el cliente.

Por otro lado, si se establece una bolsa de horas mensual al estilo del fee pero con horas, hay que comunicar al cliente que si no las utiliza en el mes se caducan y no se acumulan. El cliente es responsable de asegurarse de que tiene suficiente trabajo que encargarte y planificarlo contigo al comienzo del mes y también debe saber que no pueden venir la última semana a pedir todas las tareas de golpe como suele ser habitual.

Tendrías que delimitar muy bien el tipo de tareas que realizas de esta manera y el total máximo de horas al mes que puedes dedicar a cada cliente.

También hay que establecer bien los plazos de implementación cuando no se trata de tareas recurrentes sino de encargos, ya que el cliente debe tener en cuenta que no eres un empleado más que puedes realizar sus trabajos al momento que te lo solicita, sino que será necesario establecer una planificación mensual con las tareas que se quieren llevar a cabo y que los trabajos más grandes o urgentes los tendrías que presupuestar fuera.

Por otro lado, tienes que tener cuidado de no ocupar todo tu tiempo con servicios de este tipo porque de nuevo estarías limitando tu potencial de ingresos y además personalmente me parece un poco estresante tener que trabajar haciendo minijobs de esta manera. Y otra cosa que no me gusta de esto es que al trabajar con tiempo normalmente intentamos hacer todo lo más rápido posible con la consiguiente disminución de la calidad.

Así que podría ser interesante tener uno o dos clientes con este formato a lo sumo. No queremos depender sólo de tener ingresos por tener unos clientes fijos, sino poder encontrar más clientes y aumentar cada vez más nuestra entrada de dinero.

- **Trabajo por horas**

Hay freelancers que trabajan directamente indicando su tarifa al cliente, registran en un programa las horas dedicadas y al final del mes le pasa la factura total multiplicando su tarifa por las horas que ha trabajado.

La ventaja de este último método es que reduce el riesgo de invertir más tiempo del estimado en proyectos en los que no está del todo cerrado el trabajo o que pueden solicitarse muchas modificaciones o trabajos extra por el camino porque tus ingresos dependerán de las horas que factures y, por tanto, dejas abierto el precio final del proyecto.

Sin embargo, en general no te recomiendo trabajar por horas por varios motivos:

El más importante es que no queremos poner el foco en cuánto tiempo nos cuesta producir algo, sino en el resultado final y el valor entregado al cliente.

Tampoco queremos esclavizarnos y limitarnos porque tu jornada tiene un límite de horas facturables y estarás poniendo un tope a tus ingresos.

Además, cuanto más tiempo dedicas a hacer algo más rápido lo haces, entonces al final acabas trabajando el doble por el mismo precio. Así que, no estás teniendo en cuenta que la calidad de tu trabajo y el tiempo para hacerlo cada vez mejora. La solución podría ser aumentar poco a poco tu tarifa/hora, pero no iría en proporción con tu evolución que normalmente es mayor que el precio que puedes aumentar.

La realidad es que simplemente no vas a llegar a la facturación que necesitas para ser rentable, o bien porque no vas a encontrar clientes para llenar las X horas al mes que te quedan disponibles, o bien porque sin darte cuenta vas a superar las horas que has acordado sin cobrarle más a tu cliente y encima vas a tener jornadas laborales interminables.

Si el proyecto es grande y el cliente quiere conocer una estimación del tiempo que se va a tardar en realizar el trabajo, es difícil poder ofrecer unas horas orientativas y que sepa más o menos cuál va a ser la inversión en el proyecto con la consiguiente incertidumbre y desconfianza para el cliente.

Tienes que estar pendiente de registrar y justificar continuamente todo el tiempo que le dedicas a cada cosa del proyecto. Existen herramientas para hacerlo, pero aun así es algo que desgasta mucho y además es difícil porque a veces tenemos interrupciones o saltamos de un trabajo a otro.

También hay profesionales que crean presupuestos cerrados indicando las horas que se van a necesitar y la tarifa hora para que el cliente vea de dónde sale el precio final. Tampoco es buena idea porque probablemente reduzcas la tarifa para que sea atractiva por volumen y subestimes el tiempo de dedicación al proyecto y en cuanto el cliente quiera negociar contigo probablemente reduzcas la tarifa de nuevo por miedo a perderlo. Un asco, vamos.

Así que, nos tenemos que centrar en lo que entregamos y no en el tiempo que tardamos en hacerlo. Al cliente no le interesa las horas que tardas en cumplir los objetivos, sino que se cumplan.

Por eso, yo te recomiendo trabajar con precios fijos basados en el valor entregado como el fee mensual que he comentado antes y los proyectos con precio fijo, que es lo que yo recomiendo y voy a comentar ahora.

**- Proyectos con precio fijo**

Trabajando con precio fijo por proyecto nos centramos en el valor entregado al cliente y no en el tiempo que nos cuesta desarrollar el trabajo. De esta forma detallamos todo lo que entra dentro del proyecto en un presupuesto y le ponemos un precio cerrado; y así los clientes no se tendrán que centrar en las horas que dedicas sino en lo que obtiene directamente.

Además, dentro de los proyectos puede haber características que aporten muchísimo valor a nuestro cliente y que a nosotros no nos lleven demasiado tiempo porque lo dominemos o porque lo reutilicemos (por ejemplo, incluir dentro del precio de una web un video curso para saber cómo utilizar WordPress. Una vez se la entregas al cliente, el trabajo lo hacemos una vez, pero el valor para el cliente es igual), por tanto, el beneficio de este tipo de facturación es buena para ambas partes.

Para proyectos más grandes se puede establecer presupuestar por fases para poder ir desarrollando cada presupuesto más detallados según se va avanzando en el proyecto.

También hay que detallar y delimitar muy bien el proceso de trabajo y las rondas de cambios y limitaciones para no tener que trabajar durante más tiempo del acordado con detalles ya hablados y que el proyecto se alargue hasta el infinito.

Para poder poner unos precios con los que te sientas cómodo y no sentir que los estás inflando o son injustos, tendrás que poner énfasis en asegurarte de que tu trabajo realmente tiene el impacto y beneficios que ofreces y que desarrollas servicios de mucha calidad y no son mediocres.

Este sin duda para mí es el mejor modelo dentro de las opciones que os he presentado y con el que más a gusto he trabajado diseñando para clientes.

**Cómo definir el precio por proyecto a medida**

Para poner un precio adecuado a nuestro servicio tendremos que tener en cuenta varios factores:

**- Desglosar el trabajo y estimar los tiempos de ejecución**

Lo primero que debes hacer es desglosar todo el proyecto en todas las fases y tareas que incluya y hacer una estimación de las horas que te puede requerir cada cosa. Tendemos a subestimar el tiempo de dedicación así que no te quedes corto haciendo un primer cálculo. Después cuando realices el trabajo puede ser interesante que registres las horas que has dedicado para ver si te has quedado corto puedes usar herramientas como Toggl. Es mejor tirar para arriba porque muchas veces vas a tardar más y otras menos dependiendo de cada cliente y circunstancia.

Y no me refiero solo a contar las horas que vas a dedicar a diseñar o producir el trabajo, tendremos que tener en cuenta también la fase de investigación, búsqueda de ideas, conversaciones con el cliente, tareas y subtareas a realizar, la ejecución en sí, posibles rondas de cambios y añadir un 20 % extra por lo menos para cubrirte las espaldas con imprevistos. Cuanto más desgloses las tareas, mucho mejor.

Así que tendremos que sumar el tiempo de trabajo creativo + el tiempo de trabajo de gestión + 20 % de imprevistos.

Multiplicaremos las horas que salgan por nuestra tarifa, ten en cuenta que la tarifa calculada con la CalculadoraFreelance.com es la mínima, pero tú habrás establecido una superior.

Aparte del coste en tiempo, tienes que sumar otros gastos que pueda conllevar ese proyecto en concreto.

Al hacer el cálculo total tendrás que ver si crees que el presupuesto está fuera del alcance de tu cliente. Por supuesto, tú no puedes bajar este precio ya que se entiende que es el mínimo que puedes cobrar para cubrir los costes y tener un beneficio y si no, no sería rentable. Lo que puedes hacer es tratar de ver si se puede hacer el proyecto más pequeño quitando características que te haya pedido el cliente. De esta manera podrás ofrecerle una opción dentro de su presupuesto. Es como el que quiere comprar un iPhone, pero sólo puede permitirse un Android de gama media.

Le podrás ofrecer un Android muy guay para ajustarte a su presupuesto, pero haciendo que entienda que lo que cuesta realmente el iPhone que él te ha solicitado está fuera de su alcance.

Partiendo de esta base, tenemos que tener en cuenta otra serie de aspectos importantes a la hora de calcular el presupuesto definitivo:

**- El tipo de cliente**

Aunque hemos definido un cliente ideal dentro de nuestro nicho, puede que tengas que dar servicio a diferentes tipos de clientes que podemos dividir en tres grandes grupos:

    1. Particulares

2. Emprendedores y pymes

3. Grandes empresas

Como verás son tres grupos diferenciados por tres factores principales: su presupuesto, su nivel de exigencia y sus objetivos.

Es cierto que un particular puede tener un poder adquisitivo mayor o menor y que puede ser más o menos exigente, pero el presupuesto con el que cuenta para sus temas de diseño será más bajo o casi nulo porque no tendrá un objetivo económico de fondo en casi ninguno de los casos. Por otro lado, las decisiones no tendrán que pasar por varios niveles con lo que puede ser un cliente más sencillo y te puedes permitir unos precios más ajustados si realmente te interesa el proyecto.

Y lo mismo con un emprendedor o una pyme: puede facturar más o menos, pero tendrá algo más de presupuesto para destinar a diseño porque su objetivo contratándote tendrá que ver con su negocio para vender más o llegar a más clientes.

Sin embargo, entre un autónomo o pyme y una gran empresa, aparte del poder adquisitivo, la gran diferencia es el nivel de exigencia, ya que las decisiones acerca de un trabajo en una gran empresa, tendrán que pasar por varias manos y probablemente tendrás que dedicar más tiempo al trabajo y tendrás menos libertad creativa.

Además, gracias a tu labor, podrás estar ayudándoles a conseguir facturar mucho más que a una pyme y tu trabajo tendrá un impacto mayor en sus resultados.

Incluso si para ti crees que puede suponer el mismo tiempo de dedicación y el mismo esfuerzo los resultados que obtiene cada tipo de cliente con tu trabajo serán diferentes, así que no dudes en cobrar más dependiendo de quién te solicite un diseño.

Recuerda que cuanto mayor sea la empresa, más impacto tendrá tu trabajo en su facturación anual y mayor será el nivel de exigencia.

## - La urgencia

Si tienes que hacer un trabajo urgente y darle prioridad dedicando horas extra no puedes cobrar lo mismo que un trabajo en unos plazos que tú establezcas. Hay diseñadores que directamente agregan una partida al presupuesto donde indican «extra por urgencia» y le añaden un % sobre el total. Variará dependiendo de los perjuicios que te suponga, si tienes que hacer horas extra, si tienes que retrasar otros proyectos o si te tienes que quedar el finde entero trabajando, por ejemplo. Hay freelancers que añaden un 20 % de plus y otros un 50 % o incluso el doble. Todo dependerá del nivel de urgencia, el daño que te pueda suponer a ti y a tus otros clientes, y el favor que le estés haciendo al sacarle las castañas del fuego para que lleguen a tiempo.

## - Tu motivación frente al proyecto

Nuestra motivación frente a un proyecto también afecta al precio final, incluso sin darnos cuenta. Parece que no, pero esto afecta mucho también al tiempo de dedicación porque cuando no nos motiva algo postergamos más. Cuando te pidan un trabajo que no te apetezca nada o no te motive probablemente lo mejor será subir los precios e incluso lo harás inconscientemente para que no salga el proyecto y en el caso de que salga, que por lo menos esté muy bien pagado.

Hay trabajos que, aunque no te gusten, pueden venirte de perlas para mostrar en tu portfolio porque son grandes oportunidades para darte a conocer o para que te encarguen más trabajos. Quizás eso te haga ajustar un poco más el precio. Cuando digo ajustar nunca hablo de bajar del límite calculado en el primer punto.

## Cómo crear servicios productizados para vender online

### Cómo adaptar tu oferta offline para que funcione mejor online

Hemos visto las diferentes maneras tradicionales de presupuestar proyectos como freelance pero mi mayor interés es que sepas adaptar tu oferta y servicios al mundo online para que tu web empiece a servir para algo y sea rentable de una vez por todas.

Trabajando de la manera tradicional se pierde mucho tiempo en reuniones y presupuestos con servicios creados a medida, el proceso de venta se hace bastante largo y en muchas ocasiones no llegan a confirmarse los proyectos. Prestar un servicio es algo muy a medida, lo que provoca que prácticamente no puedas aprovechar nada de un cliente a otro, cosa que pasa tanto en los negocios online como en los negocios tradicionales.

En cambio, desarrollar unos servicios a modo de paquetes cerrados con unas características concretas simplifica mucho el ciclo de venta porque el cliente hace la compra directamente y sabe, desde el primer momento, lo que está comprando con todo lo que incluye y lo que no incluye el servicio.

Además, nos ahorramos tener que contestar emails eternos con dudas de clientes que no saben lo que ofreces o crear presupuestos con servicios a medida; y te permite tener un mayor control sobre los tiempos de prestación del servicio y, por tanto, puedes establecer unos precios cerrados y optimizar cada vez más los flujos de trabajo.

Por eso, vamos a utilizar nuestra web para vender directamente ahí nuestros servicios productizados y podremos añadir directamente un botón de compra si queremos.

No hace falta tener una tienda online. Mi recomendación es basar nuestra web en WordPress, tener una página de venta para cada servicio y añadir un botón de compra con una plataforma como SendOwl que es la que utilizo yo.

También es posible realizar servicios con presupuestos a medida basados en un paquete de base con un precio del que partes. Lo veremos enseguida con más detalle.

Para productizar servicios es fundamental automatizar todas las tareas recurrentes que puedas. Para poder identificar qué partes del proceso de trabajo puedes automatizar o replicar, lo mejor es que hagas un diagrama con el flujo de trabajo y las fases que incluya la prestación del servicio en sí: desde la solicitud de briefing hasta la entrega de los archivos finales.

Si diseñas logos puede que antes de comenzar a diseñar le pidas a tu cliente todos los detalles en un briefing o le hagas preguntas sobre lo que tiene en mente. Este proceso lo podrías optimizar haciéndole llegar a tu cliente un formulario para que rellene de manera automática al finalizar la compra.

También puedes innovar a la hora de solicitar feedback y puedes hacerle llegar al cliente un documento con el diseño y unas preguntas concretas sobre qué aspectos le gustan y no le gustan sobre el diseño en cuestión.

Es importante que la experiencia que tenga el cliente con tu servicio sea positiva y esto ayudará a conseguirlo.

Te pongo el ejemplo de la página de venta de Javier Gobea de hormigasenlanube.com con su servicio de diseño de blogs: hormigasenlanube.com/blog-zen-reloaded

También tienes el ejemplo de HodeiDesign.com con su servicio de diseño web y de tienda online personalizado: www.hodeidesign.com/diseno-web-personalizado

**Cómo crear paquetes de precios**

Vamos a ver cómo paquetizar los servicios como si fuesen productos cerrados con diferentes características y precios.

Paquetizar tus servicios hará que le puedas poner nombre y precio al proceso de prestación del servicio en sí, con lo que convertirás en tangible algo que en principio no lo es con el objetivo final de vender más. Además, para el usuario le será más fácil identificar y decidir lo que va a comprar de nuestro negocio y podrá comparar entre varias opciones según su presupuesto.

Podrías crear un único paquete con un precio para tu servicio u ofrecer diferentes paquetes de precios de un mismo servicio (lo mejor es dar tres opciones) añadiendo cada vez más valor a cada paquete y así adaptar tu oferta a las diferentes necesidades de tus clientes potenciales. El servicio constaría de varias características comunes, pero en cada paquete superior añadirías características que aporten mejoras a lo que ofreces.

Así lo hace Javier Gobea en su servicio de Mantenimiento Técnico: https://hormigasenlanube.com/soporte-sherpa/

Podrías tener un servicio básico con un precio más bajo, un servicio medio con varios extras y a un precio mayor y un servicio premium mucho más completo y con un precio elevado o con presupuesto a medida.

Tendrás que intentar dividir todo el proceso de tu servicio en la mínima unidad posible, con el criterio de que, en esa división, cada pequeña parte sea tangible o añada valor y, a partir de ahí, ir sumando cada elemento.

Con la paquetización debes limitar muy bien la prestación del servicio, lo que incluye, lo que no incluye y el precio porque también el cliente debe percibir que el dinero que va a desembolsar es limitado y no va a tener sorpresas durante el proceso teniendo que invertir más dinero del que pensaba al contratarlo.

Así que no engañes con letra pequeña, sé transparente y describe tu servicio de forma muy clara, sin rodeos y sin trucos.

La ventaja de hacer esto desde el punto de vista del diseñador es que puede controlar mucho mejor lo que incluye en cada servicio y, además, los potenciales clientes prefieren, sin duda, ver productos estandarizados que facilitan la decisión de compra ya que pueden comparar los diferentes tipos de paquetes.

Te darás cuenta poniendo en práctica esta técnica que tu negocio empezará a ser mucho más rentable y en aumento. Pero para ello tienes que especializarte en uno o dos servicios de entrada.

Puedes tener un servicio de diseño con diferentes paquetes de precios o con presupuesto a medida y también puedes completar tu oferta con un servicio paquetizado de consultoría o auditoría.

Los freelancers solemos trabajar con servicios de entrada que pueden superar los 1000 €. En internet tenemos que ofrecer diferentes alternativas, sobre todo si hablamos del caso de un cliente nuevo que no te conoce o si todavía no tienes visibilidad y autoridad en el mercado.

Para poder demostrar tu potencial y tu profesionalidad (además de con un blog) puedes plantear un servicio de consultoría o auditoría de entrada de alrededor de 250 € como primer paso y seguro que este cliente ya estará preparado para comprarte servicios más caros después. Aquí algunos ejemplos:

-Te pongo el ejemplo de la página de venta del servicio de auditoría de Antonio G de InteligenciaViajera.com inteligenciaviajera.com/auditoria-blogs-de-viajes/

-Te pongo mi servicio de mentoring: www.lauralofer.com/mentoring

-Y también puedes vender un plan de varios meses de consultoría a medida. Como hago yo con mi programa de mentoring: www.lauralofer.com/mentoring

-Hay otra opción que puede ser interesante que es el servicio que tiene Javier Barros de diagnóstico gratuito donde rellenas un formulario y concretas una fecha para tener una charla con él y ver qué servicio te puede ofrecer que mejor encaje con tu problema: javierbarros.com/diagnostico-gratuito/

## Mostrar o no mostrar los precios en mi web

Esta es una de las preguntas que más me suelen hacer mis lectores y alumnos diseñadores.

¿Debería poner los precios de mis servicios de diseño en mi web?

Todo depende.

Yo soy partidaria de mostrar tus precios en la web, pero hay casos en los que no lo recomiendo. Ahora te lo explicaré más en detalle.

Antes de eso quiero analizar los frenos que veo que tienen muchos diseñadores freelance a la hora de publicar sus precios en la web.

Por lo que he vivido yo misma y por lo que me cuentan mis lectores y colegas del sector la cosa suele estar en alguno de estos argumentos:

- **«No estoy seguros de si mis precios son adecuados o directamente no sé cuánto cobrar».**

Es decir, no tienes un precio mínimo desde el que parten tus servicios porque aceptas cualquier encargo por pequeño que sea y presupuestas a medida.

Me encuentro con demasiados diseñadores que presupuestan a medida sin una base desde la que partir, inventando servicios para cada cliente nuevo que les llega y después se dan cuenta de que han trabajado mucho más de lo esperado y el proyecto no ha sido rentable.

¿A ti también te pasa esto? Yo también pasé por esa fase, es parte del proceso.

Si estás en esta situación, deberías empezar a plantearte la estandarización y creación de tu servicio principal y la fijación de una estrategia de precios de una vez por todas.

- **«La competencia me va a copiar o van a hablar mal de mí».**

Creo que no hay que obsesionarse con la competencia. De hecho, creo que la competencia es sana y nos ayuda a crear colaboraciones y a estar en mejora continua para diferenciarnos y no quedarnos atrás.

Además, si quieren saber tus precios quizás te llegue por ahí alguna petición de «presupuesto fantasma» de algún colega suyo para ver cómo lo haces. Y si quieren copiarte, lo harán.

Después cada uno cae por su propio peso. Será difícil que alguien pueda igualar tu servicio, tu estilo, tu carácter, tu posicionamiento o visibilidad en el mercado... Pero para eso tendrás que tener muy clara cuál es tu propuesta de valor.

Si te sientes amenazado piensa que nunca vas a tener control sobre lo que hagan los demás, pero sí sobre lo que haces tú en tu negocio.

Céntrate en tus clientes, no en tu competencia y sigue mejorando la experiencia que tienen trabajando contigo y sigue solucionando sus problemas.

Vamos a darle la vuelta a esto. En nuestro sector hay muy pocos profesionales que tienen desarrollados sus servicios en detalle en su web y muchos menos son los que indican sus precios.

Los clientes quieren tener de antemano el máximo de detalles posibles para poder tomar una decisión de compra responsable.

Antes de ponerse en contacto contigo seguramente habrá analizado en profundidad quién eres y lo que ofreces. Si no indicas tus precios en tu web, quizás también estés perdiendo la ocasión de iniciar este proceso y que el posible cliente elija empezar esa conversación directamente con tus competidores que sí indican toda la información en su web.

- **«Tengo miedo a publicar mis precios porque ahuyentaré a posibles clientes».**

Hablar de dinero no es fácil. Y muchas veces tenemos miedo a parecer caros. Pero es más difícil todavía hablar de *money* si el cliente potencial no tiene una referencia o un precio desde el que comenzar a conversar.

No lo niegues, tarde o temprano vas a tener que hablar de dinero.

Así que es mucho mejor que los clientes que te pidan presupuesto estén ya pre cualificados y dispuestos a invertir lo que vales.

Y ten muy en cuenta que tus precios posicionan tu marca en el mercado y atraen a un tipo de cliente concreto.

¿Quieres parecer un diseñador low cost del montón y trabajar con clientes tóxicos que no te valoran por tu trabajo, sino que te eligen por tu precio bajo, ¿o quieres que se te perciba como un profesional con servicios de calidad que cobra lo que sus servicios valen?

Yo sinceramente prefiero que digan de mí: «no es barata, pero es la que mejor te va a ayudar con ese problema».

En la mayoría de los casos me encuentro con diseñadores que ofrecen unos servicios premium inmejorables con precios de risa y que están perdiendo dinero por todos los lados porque no saben cómo conseguir clientes que paguen lo que realmente valen sus servicios. Tener una estrategia de marketing desarrollada para conseguir clientes que valoran tu trabajo es responsabilidad tuya y no puedes pretender subir los precios y quedarte sentado esperando.

No basta con crear una página de servicios genérica en tu web y poner unos precios. Si quieres acortar el ciclo de venta hay más factores que entran en juego. Tienes que tener una web completa con toda la información necesaria para mostrar el valor de tu trabajo y que tus clientes potenciales confíen en ti.

Y no solo eso, es necesario que desarrolles en detalle cada servicio en una página independiente de tu web que explique a tu cliente en profundidad y a través de un buen copy cuáles son los beneficios que aporta trabajar contigo, en qué consiste el servicio, qué incluye, qué no incluye, cómo es el proceso de trabajo, el proceso de pago, preguntas frecuentes, testimonios, etc.

Entonces ¿pongo mis precios públicamente o no?

Bueno, como te decía al principio todo depende de diferentes factores y, aunque hasta ahora te he dado argumentos a favor, quiero que tengas toda la información sobre la mesa para que tomes la decisión por ti mismo:

Cuándo SÍ poner los precios de tus servicios de diseño en tu web:

- Quieres filtrar el tipo de cliente y quitarte de encima cuanto antes a los que no tienen suficiente presupuesto y que buscan el low cost.
- Quieres ser transparente y claro desde el principio.
- Tienes unos servicios creados y una estrategia de precios definida.
- Vendes servicios a precio fijo con una página de venta en detalle y botón de compra directo sin apenas interacción.
- Vendes servicios productizados con un precio del que parten e incluso ofreces diferentes paquetes de precios con diferentes características.

Cuándo NO poner los precios de tus servicios de diseño en tu web:

- Si todavía estás en una fase en la que no sabes cuánto cobrar o incluso trabajas por horas NO publiques tu tarifa/

hora en tu web. Ese debería ser un dato interno. Trabaja siempre por proyecto, no por el coste de tu tiempo.

- No tienes un precio fijo porque tus precios dependen del tipo de cliente. Yo te diría que tengas foco y definas a un cliente ideal al que solucionar su problema principal y en base a eso desarrolles un servicio con un precio acorde al tipo de cliente.

- Quieres que todos los clientes potenciales te conozcan en una reunión previa cara a cara (por Skype) para que el precio no influya previamente en la decisión de compra porque tus precios parten de un precio bastante elevado. Sientes que necesitas hablar con tus clientes potenciales para mostrar tu valor antes de dar precios. Esto está muy bien para determinados casos. También te digo que para mostrar tu valor y rebajar objeciones están tu web, tus textos, tu propuesta de valor, tu posicionamiento en el mercado, tus páginas de venta, tu newsletter, tu blog… Y eso no lo tienes que dejar de lado independientemente de si publicas o no tus precios en tu web.

- No quieres perder ninguna oportunidad y prefieres que entren todo tipo de peticiones y en todo caso después filtrar y decir tú que no. Esto suele ser habitual cuando se comienza y no se tienen suficientes peticiones de presupuesto o se está tanteando el mercado para ver qué tipo de perfiles estás atrayendo.

## Cómo presupuestar un proyecto

Ahora que ya tenemos la base de nuestro servicio creado y nuestras tarifas definidas, podemos crear también si queremos presupuestos a medida en base a ello.

### Cuál es la anatomía de un buen presupuesto

Un presupuesto es un documento donde indicamos a nuestro posible cliente qué podemos hacer, cómo podemos hacerlo y cuándo lo vamos a hacer, entre otras cosas. Sobra decir que desarrollar un buen presupuesto es clave para acotar bien las dimensiones de un proyecto y que no haya imprevistos por cuestiones que no hayas delimitado bien y que te puedan generar conflicto con tu cliente después.

Pero un presupuesto también puede ser una muy buena herramienta para acabar de convencer al cliente de que te compre. Por eso es un documento que debemos aprovechar para innovar y diferenciarnos de la competencia.

La mayoría de los freelancers pasan los precios por email directamente o, como hacía yo, crean un presupuesto donde aparece el importe final, las características del proyecto y todas las condiciones de pago, lo que se incluye, no se incluye, etc.

Yo te quiero enseñar a hacer un presupuesto diferente y más «pro», con una anatomía mejor desarrollada basada en mis investigaciones a los grandes freelancers americanos y empresas de marketing, pero adaptado a nuestro micronegocio. Puede que te lleve más tiempo que un presupuesto normal pero seguramente tendrá una mejor tasa de conversión que un presupuesto estándar.

Es importante redactar una página de venta donde empatices con el lector hablando sobre sus problemas, necesidades y tus soluciones, y que incluya: los beneficios de tu servicio, por qué te deberían elegir a ti o un call to action al final para que te compren el servicio.

Así que nos vamos a basar precisamente en estos mismos conceptos para crear nuestros presupuestos a medida. A continuación, voy a centrarme en cada cuestión importante dentro de un presupuesto:

### - Cuál es el problema del cliente

Vamos a describir brevemente la necesidad por la que nos ha contactado el cliente y el problema de fondo que hemos identificado junto con él en la reunión previa para ponernos en situación; que el cliente sepa que le entendemos y empatizar con él.

Por ejemplo: habéis notado que vuestra imagen de marca ya no traslada la evolución que ha sufrido vuestra empresa con el paso de los años y la gran calidad que vuestra atención al cliente, vuestros servicios y productos han ido adquiriendo. Esto está afectando a la percepción que tienen los clientes de vuestro negocio y por tanto, están cayendo las ventas porque los clientes están acudiendo a la nueva competencia que ha entrado en el mercado con una imagen mucho más actual y atractiva».

### - Cuál es la solución que propones

Aquí detallaremos, en un par de frases, la solución que consideramos que es la que mejor encaja y cómo puede resolver sus problemas hablando de beneficios. Hay que intentar ser creativo sin sonar a vendehumos.

Por ejemplo: en lugar de decir «rediseñar un logotipo para la empresa X» puedes decir «el rediseño del logotipo dará un aire fresco a la marca y atraerá a jóvenes dispuestos a adquirir vuestros productos» o en vez de decir «diseñar un catálogo para un estudio de interiorismo» puedes decir «el nuevo catálogo despertará un impulso para animar a las familias del barrio a redecorar su piso y aumentar por tanto vuestra base de clientes».

**- Cuál será el proceso del proyecto**

Te voy a explicar de manera sencilla y concisa las fases y desarrollo del proyecto para que se entienda bien todo lo que implica nuestro trabajo. Esto hará ver al cliente que la creación de un logo, por ejemplo, tiene un proceso y no se hace en diez minutos.

Por ejemplo:

1. Empezaremos creando, entre las dos partes, un moodboard para conocer las preferencias de estilo del proyecto.

2. Continuaré con una fase de investigación para poder conocer mejor los detalles del mercado y la empresa, competencia y público objetivo.

3. Después le sigue una fase de inspiración, tormenta de ideas y bocetaje hasta llegar a las propuestas iniciales.

4. Después del proceso de feedback y revisiones desarrollaré todos los archivos definitivos en las versiones de color para impresión y para pantallas.

5. Además, te haré llegar un tutorial para que sepas utilizar cada archivo y modo de color en su aplicación correcta».

### - Por qué te deberían elegir a ti

En esta sección te toca venderte y explicar tus puntos fuertes respecto a otros diseñadores. Quiero que muestres qué te hace único y diferente. (tendrás buenas ideas sacadas del ejercicio de la propuesta de valor de del capítulo 2).

Además de comentar algún caso similar en el que has trabajado para demostrar tu experiencia y objetivos conseguidos (no quiero decir que pongas un listado enorme de clientes o un portfolio completo, sino uno o dos ejemplos), también es importante que muestres tu entusiasmo e interés personal en ayudarle en su proyecto.

Por ejemplo: «voy a ser como una socia para ti porque me comprometo con los proyectos como si fueran propios. Me gusta estar en contacto continuo para informar de los progresos y además entrego siempre a tiempo. Me encantaría trabajar el rediseño de vuestra tienda online de lanas porque, personalmente, me encanta tejer y soy compradora habitual en tiendas online. Además, el año pasado me encargué precisamente del rediseño de la imagen de una tienda-taller de ganchillo llamada XXX (puedes ver su web aquí). El nuevo diseño les ha ayudado a reposicionar su marca en el mercado para llegar a un público más joven».

### - Cómo puedes ayudarle

Este es el momento de presentar las diferentes opciones que le propones para ayudarle desde lo más básico a lo más completo que le puedes ofrecer. Como veremos enseguida, vamos a presentar un presupuesto con 3 paquetes con distintos precios que incluyan diferentes características para que el cliente pueda elegir y no sea un «lo tomas o lo dejas». (Recuerda que a veces el cliente quiere un iPhone último modelo, pero solo se puede permitir un Android).

### - Qué se incluye en el presupuesto

Ahora es el momento de indicar todos los detalles de lo que se incluye y lo que no. Sé totalmente transparente y no te dejes nada ni des por hecho nada. Por ejemplo: los plugins instalados en una web, número o límite de páginas incluidas, los archivos y formatos que se entregan, el número de revisiones, el número de idiomas, si se incluyen fotos o textos de algún tipo o lo tiene que entregar el cliente... En definitiva, hay que detallar muy bien todo para delimitar bien el ámbito del presupuesto y que no haya malentendidos con lo ofrecido.

### - Cuáles son los plazos de entrega

Indicaremos nuestros plazos de entrega aproximados sin pillarnos los dedos y disponibilidad para comenzar el proyecto.

La duración de un proyecto no depende únicamente de tu parte como diseñador, también tendrá mucho que ver la rapidez de tu cliente para entregar materiales o feedback.

Por eso es importante establecer un calendario de trabajo junto con tu cliente para indicar las responsabilidades de cada parte para entrega de documentación, revisiones. etc. con fechas concretas para que ambos cumplan con los plazos previstos y no se alargue el proyecto hasta el infinito.

Por eso, es importante que cuando le mandes tu propuesta final al cliente, tenga una fecha de vencimiento. No lo dije en la anterior sesión, pero es importante establecer una fecha de vencimiento para tus presupuestos siempre. No queremos que el cliente tarde siglos en responder o que aparezca dentro de 5 meses con ese presupuesto porque puede que tus tarifas hayan aumentado.

Así que al enviar el presupuesto es bueno indicar que esa oferta vence en X días o la semana siguiente (o cuando tú lo definas) y que necesitas su respuesta lo antes posible para poder cerrar tu agenda (o sin argumento de por medio, que te comenten cuándo te podrán dar una respuesta).

### - Cuál es el método de pago

Indicaremos el método y plazos de pago. Siempre indicando que, para aprobar un presupuesto, es necesario ingresar un 30-50 % por adelantado (o la cantidad que tú estimes) y después que el resto o bien se pagará en partes durante el proyecto dependiendo de la duración o bien al finalizar el trabajo. Eso ya es elección tuya.

### - Cuáles son las condiciones generales

Hablaremos aquí de las cláusulas importantes como pueden ser las responsabilidades del cliente, confidencialidad, derechos de autor, protección de datos, comunicación durante el proceso, obligaciones de cada parte, etc.

### - Siguientes pasos

Este sería el último paso, el equivalente al call to action o llamada a la acción de la página de venta.

Aquí tendrás que explicar al cliente cómo actuar cuando lea el presupuesto.

Le puedes explicar que si no tiene ninguna duda lo siguiente sería contestar al email para aceptar el presupuesto y le harías llegar el contrato del proyecto para que lo firme y así poneros en marcha una vez realizado el primer ingreso. Le puedes indicar que, en caso contrario, te responda con las dudas o preguntas sobre el presupuesto para aclarar los puntos necesarios.

Elige la forma que se adapte mejor a tu tono, tus servicios y manera de trabajar. Lo importante es que el cliente tenga unas instrucciones para saber cómo actuar.

(NOTA: No tienes que titular cada sección del presupuesto tal cual lo indico yo porque lo que quiero es mostrarte lo que se tiene que incluir. Encuentra unos títulos adecuados para cada caso o no pongas títulos cuando no haga falta.)

## Por qué hacer un presupuesto con tres opciones de precios

Esta técnica es la que vimos en la sesión anterior donde os comenté que al hacer paquetes de precios de servicios lo mejor era dar tres opciones.

Este método se conoce en inglés como *Tiered Pricing* y es un recurso muy utilizado como estrategia de marketing en multitud de empresas y negocios de todos los tipos. Siguiendo con el ejemplo del iPhone, podemos ver que normalmente cuando Apple saca nuevo modelo ofrece tres opciones diferentes de precios según la capacidad del terminal.

De esta manera le ofrecemos más opciones al cliente para que elija entre ellas en lugar de comparar directamente nuestro presupuesto con el de la competencia.

Esto mismo se aplica también a los servicios intangibles como ya comenté. Y es que cuando se ofrecen tres paquetes de precios como puede ser la opción plata, oro y platino, normalmente el cliente elige la del medio. Y esa opción tiene que ser para ti la más rentable o la que tú prefieras realizar por el motivo que sea.

Por otro lado, eso no significa que con las otras dos opciones pierdas dinero porque un cliente las puede elegir igualmente y tendrás que llevarlas a cabo en ese caso. Así que te tienes que asegurar que quieres que compren cualquiera de las tres opciones y que te compensa hacerlas.

Cuando damos las tres opciones, no te quedes con la idea de que la del precio menor tiene que ser un super chollo. Nada que ver. No queremos ofrecer servicios mediocres, eso ya lo he comentado.

Lo interesante es ofrecerle como primera opción de precio menor lo que tú puedes darle por el precio del que parten tus presupuestos a medida. Después, una segunda opción con el precio de lo que él te ha pedido; y, por último, una opción mucho más completa con un precio bastante superior incluyendo algunas necesidades que hayas identificado y que crees que pueden completar y mejorar el proyecto a pesar de que no te las haya solicitado.

De esta forma podrá comparar las diferentes opciones de precios teniendo en cuenta lo que puedes ofrecerle por el presupuesto mínimo y lo que realmente cuesta lo que él necesita. Pero al incluir una opción bastante más cara con mejoras y extras dejaremos en medio la opción que queremos que elija porque creemos que es la mejor para su negocio y para nosotros.

Ejemplo ficticio (ojo: no tomes estos precios inventados como un modelo a seguir): si un cliente me pide crear un manual de identidad corporativa y el precio de presupuesto a medida comienza en los 390 € podría ofrecerle estas tres opciones:

**Opción Plata 390€**

1 propuesta de logotipo inicial

Versión en positivo y negativo

Hasta 3 rondas de revisiones

Definición de los colores corporativos

Usos correctos e incorrectos

Entrega de archivos editables

**Opción Oro 890 €**

3 propuestas de logotipo iniciales

Versión en positivo, negativo, horizontal, vertical y usos cromáticos

Hasta 6 rondas de revisiones

Definición de los colores corporativos

Usos correctos e incorrectos

Selección de tipografía corporativa

Tarjeta de visita

Hoja y sobre con membrete

Carpetas corporativas

Entrega de archivos editables

**Opción Platino 1790 €**

5 propuestas de logotipo iniciales

Versión en positivo, negativo, horizontal, vertical y usos cromáticos

Hasta 10 rondas de revisiones

Definición de los colores corporativos

Usos correctos e incorrectos

Selección de tipografía corporativa

Tarjeta de visita

Hojas y sobres con membrete

Carpetas corporativas

Diseño de cabeceras y plantilla para post de hasta 3 redes sociales

Plantilla para presentaciones PowerPoint

Guía de estilo para página web

Entrega de archivos editables


Este ejemplo se corresponde con la técnica de pricing que utiliza Ryan Delk de Gumroad y que también puedes usar en los paquetes de precio fijo que incluyas en tu web.

Con este método, la segunda opción vale algo más que el doble que la primera, y la tercera opción es cinco veces mayor a la inicial. (1x 2,2x 5x)

Por supuesto esto es una técnica de precio orientativo, puedes ser más flexible y crear tus propias opciones de precios según lo que consideres sin ser tan riguroso con las matemáticas.

Ten en cuenta que previamente tendrás que calcular tu tiempo de dedicación mínimo extra y añadir ese plus transformado en dinero a cada paquete. El valor añadido puede que sea superior, aunque tu tiempo de dedicación no se corresponda en proporción. Así que dedica el tiempo necesario a crear tus primeros presupuestos de esta manera y después con la práctica cada vez lo harás con más soltura y sin demasiados cálculos de por medio.

Nota: a la hora de presupuestar un diseño, es mejor hacer presupuestos por proyecto completo y no por minijobs ni dividiendo el diseño final en diferentes partidas pequeñas. Hay casos en los que un cliente pide saber el precio por página diseñada extra dentro de un catálogo. El problema de esto es que cada hoja diseñada puede tener una complejidad diferente y además, si nos centramos en el precio por hoja entonces el cliente querrá intentar reducir toda la información al número de hojas mínimo posible lo que puede destrozar el trabajo final por intentar meter con calzador todo junto en una hoja cuando debería ir en dos por ejemplo.

Para estos casos, lo mejor es dar precios del tipo «Catálogo con hasta 20 páginas diseñadas» y si salen menos páginas al final el precio no variará. Desde mi punto de vista, es mejor no dar precios de pequeños elementos dentro del proyecto, aunque muchas veces es difícil porque el cliente puede que insista. Una opción puede ser indicar el precio por paquetes extra del tipo «entre 5 y 10 páginas extra». Pero siempre intentando que sean por paquetes y no por pequeños diseños sueltos. Esto es difícil y cada servicio tendrá sus peculiaridades, pero para ello es importante ir mejorando poco a poco la redacción de los presupuestos según la experiencia y también investigando cómo lo están haciendo otros diseñadores americanos, por ejemplo.

## Cuáles son las cláusulas más importantes

Recuerdo que uno de mis presupuestos más fatídicos de todos los tiempos fue para diseñar un cartel en el que no indiqué que las imágenes me las tenía que pasar el cliente, ni cuántas modificaciones y propuestas estaban incluidas, ni los plazos de desarrollo del proyecto para la entrega de feedback por parte del cliente y un largo etcétera. ¿Sabes lo que pasó? Tardé seis meses en terminar un cartel que pensaba que me llevaría una semana y acabé haciendo unas catorce versiones con imágenes que yo misma buscaba en bancos de imágenes gratuitos (porque el cliente no quería pagar imágenes premium ni tenía fotografías de calidad), y haciendo multitud fotocomposiciones y fotomontajes diferentes porque el cliente no tenía claro la foto que quería que apareciese. Por supuesto, fue un trabajo que asumí yo gratis (un mega error) y trabajé horas y horas y horas por un precio ridículo. Todo por no delimitar bien el presupuesto y por no saber decir que no porque no podía justificar que no estaba incluido.

Además, se quedó parado el proyecto esperando su feedback porque le habían surgido otras tareas más importantes y el cartel de repente ya no le corría prisa, así que cada varias semanas aparecía con prisas en plan «¿qué tal quedaría con una foto de no sé qué?».

De esta y muchas otras experiencias similares aprendí a dedicar tiempo a mejorar las condiciones de mis presupuestos. Por eso voy a enumerar algunos temas importantes para que las tengas en cuenta, y que con ello redactes tus propias cláusulas en el caso de que sean aplicables, en tus próximos presupuestos. Además, podemos añadir estas cláusulas más en profundidad en el contrato posterior:

- El proyecto se da por aprobado cuando el cliente ingresa el 50 % sobre el total del proyecto. Indicar también cómo se realizarán los pagos restantes. Si será cada semana, cada mes o al finalizar el trabajo, por ejemplo. También indica si habrá un recargo por retrasos en el pago.
- Indicar quién se hace cargo de posibles comisiones bancarias.
- Si la impresión y gestión con imprentas está o no incluida. Y en el caso de estarlo indicar si el cliente deberá abonarte el importe de imprenta previamente.
- Las licencias de pago o fotos de stock van por cuenta del cliente.
- Si durante el diseño corporativo o web se detectan nuevas necesidades, éstas serán debidamente presupuestadas.
- La responsabilidad de la ortografía será siempre del cliente. Deberá dar el visto bueno a todos los trabajos realizados verificando que no haya errores ortográficos. Si el cliente da el visto bueno a un diseño y existen erratas una vez impreso será por tanto responsabilidad del cliente y tendrá que asumir el coste.
- El cliente debe entregar todo el material definitivo (copy, imágenes, etc.) antes de comenzar con el diseño. Todos los cambios que se requieran posteriormente no estarán incluidos y se tendrán que presupuestar aparte.
- Tienes derecho a X rondas de revisiones sobre el diseño inicial. De ahí en adelante se cobrará un 5 % sobre el presupuesto por cada revisión extra.
- Los trabajos se publicarán en mi portafolio online a no ser que se acuerde lo contrario.

- Ambas partes tendrán que cumplir con los plazos de entrega estimados en un calendario de trabajo acordado previamente.
- En el caso de necesitar un trabajo urgente tendrá un cargo extra.
- Texto de la Ley de Protección de datos (obligatorio tener esto en regla y lo mejor es que os lo haga una agencia). No entraré en temas legales porque no es lo mío, pero tienes que asesorarte si no lo has hecho ya.
- Texto de confidencialidad de la información del proyecto y presupuesto.
- Derechos de autor: indica si cedes los derechos de tu trabajo y el cliente puede hacer lo que quiera con ello o si, por el contrario, los derechos del trabajo son tuyos y le cedes una licencia de uso (como puedes ser Creative Commons) limitando el uso o modificación en determinados casos. Es decisión tuya, infórmate en tu caso concreto qué es lo que más te conviene con un asesor legal.
- Indica qué pasa si el cliente incumple el contrato y deja el proyecto a medias. Deberías indicar que no haces devolución del pago inicial y que en todo caso te deberá abonar el importe correspondiente al trabajo realizado hasta la fecha.

## Cómo entregar y hacer seguimiento de tu presupuesto

Yo siempre he utilizado la aplicación Quaderno para redactar, enviar presupuestos y tener fichado si me los han aprobado, cuándo los he enviado y además poder convertirlos en factura de manera automática.

El problema es que Quaderno no da la posibilidad de rellenar tres paquetes de precios, sino que te hace la suma presentándolo como si fuera una factura y puede confundir a tu cliente.

Así que de momento lo que vamos a hacer cuando hemos redactado nuestro presupuesto es enviarlo por email al cliente junto con un texto.

En este email nos centraremos en varios puntos:

1. Agradecemos el tiempo invertido en reunirse con nosotros.
2. Mencionamos el problema de fondo y nuestra solución.
3. Explicamos que le enviamos un presupuesto con tres opciones de precios
4. Le animamos a tener una reunión si tiene dudas.
5. Le indicamos los siguientes pasos si se decide por una opción.

Si tiene dudas le damos la opción de que tengamos una pequeña charla por Skype con varios días y horas para que elija. De esta forma podremos explicarle en detalle el presupuesto y negociar si es necesario.

Si no tiene dudas y se decide ya por una de las opciones le decimos que nos escriba y así podemos empezar con el proceso (firmar contrato, primer pago, briefing, etc.).

## Por qué es importante hacer seguimiento de cada presupuesto

Es importante hacer seguimiento de los presupuestos enviados para mantener el contacto con el cliente y que nuestra propuesta no se quede en el olvido perdida entre miles de documentos. Además, con este email mostramos interés en ayudar al cliente con su proyecto y le animamos a que dé el paso si está indeciso.

Pero hay que saber cómo y cuándo hacerlo para no parecer repetitivos o impersonales, convertirnos en unos pesados y parecer desesperados. Por otro lado, un email de seguimiento no siempre es necesario. Utilízalo siempre y cuando el proyecto te interese de verdad y consideres que hubo feeling durante la entrevista y que hay posibilidades de que te tengan en cuenta.

Podríamos hacer una llamada de seguimiento para tener una respuesta más inmediata, pero nos consume más tiempo si no localizamos al cliente, podemos pillarlo en un mal momento o interrumpirle y además puede que se sienta presionado. Por eso, lo mejor es enviar directamente un email y olvidarnos del teléfono.

Vamos a dejar tiempo a que el cliente decida, así que esperaremos por lo menos entre siete y diez días hasta ponernos en contacto si no hemos recibido una respuesta.

Por eso, para hacer un email de seguimiento efectivo es necesario seguir una serie de consejos.

## Cómo hacer el seguimiento de un presupuesto sin parecer ansioso

Enviaremos un email donde comentamos al cliente que el día X le enviaste la propuesta y quedamos en hablar en unos días, pero hemos terminado antes de lo previsto un trabajo y tenemos un hueco para empezar con lo suyo. De lo contrario tendría que esperar dos o tres semanas (o el tiempo que quieras) que es lo que normalmente tienes de lista de espera.

De esta forma, añadimos el factor de la escasez para incitar al cliente a no perder la oportunidad porque igual después no estamos disponibles. Este es un tip muy interesante que proponía Laura Ribas en un video de su web.

Por último, le animamos a que nos indique si quiere que le pongamos en la agenda para empezar cuanto antes.

Cuando se aprueba un presupuesto, el siguiente paso es firmar un contrato con las condiciones y establecer un calendario de trabajo con el cliente. A continuación, explicaré brevemente cómo hacer un contrato para un proyecto y qué debe incluir.

## Por qué es necesario el contrato en un proyecto y qué debe incluir

### Los beneficios de firmar un contrato previo

Normalmente los freelancers trabajamos simplemente presentando un presupuesto y recibiendo su aceptación por email o de palabra por parte del cliente. Así he trabajado yo siempre, aunque con unas condiciones cada vez más detalladas.

En este capítulo de contratos podemos hacer referencia a un post de mi blog donde un experto abogado nos habla de todo: bit.ly/lauralofer-contratos

Aunque en este libro se recogen algunos tips y plantilla de contrato, esto no sustituye a un asesor legal ya que no es mi especialidad y el libro no trata sobre asuntos legales. Esto es solo una pequeña guía a modo de referencia. Es muy importante que tengáis en regla todo lo relacionado con la Ley de Protección de Datos y además, habléis con un asesor para que os indique en cada caso qué aspectos legales debes cumplir.

Como en cualquier otra relación laboral, es oportuno que el trabajo ofrecido por el freelance esté regulado en un contrato. De esta forma quedan plasmados cuáles son los derechos y obligaciones de las dos partes y evitaremos confusiones desagradables que podrían dañar futuras colaboraciones. Además, ofrece mayores garantías a ambas partes, quedamos más protegidos y transmite una imagen más profesional.

Para que el contrato tenga validez es importante se haga por escrito y se firme (aunque un contrato verbal se supone que también es legal si surge cualquier malentendido no habrá manera de demostrar lo acordado porque las palabras se las lleva el viento). Intentaremos que la redacción sea corta, clara y sencilla, nada de palabrejas legales que no entienda nadie.

## Qué debemos incluir en el contrato

Por suerte, casi todo lo que debemos incluir en el contrato lo tendremos escrito en las condiciones del presupuesto:

- Identificación de las partes: quién contrata y a quién con todos los datos fiscales y de contacto.
- Los detalles el trabajo: qué se va a realizar en detalle con lo que se incluye y lo que no, con qué tecnología se trabaja si se trata de una web, cuántas rondas de cambios y si tendrá un recargo las revisiones extra o de urgencia.
- Precios y plazos de pago: indica las condiciones de pago, adelantos, plazos, etc.
- Calendario de trabajo: concretar las fases y entregas de

cada parte.

- Cancelación: qué ocurre si alguna de las partes cambia de opinión o desea cambiar cierta parte del encargo.

- Derechos de autor y licencias: hay que conocer cuál es la fuente de las imágenes, los textos, vídeos, código o plugins que se van a utilizar en el proyecto y que nos entrega el cliente. El cliente debe entender las restricciones de uso de contenidos que compra a terceros. Por ejemplo, un plugin que tiene que ser renovado al cabo de X tiempo o una foto de stock que debe estar comprada a su nombre para que la licencia de uso se corresponda con los datos del cliente. Hay que indicar quién va a pagar los contenidos de este tipo y además, todo el material que entregue el cliente para el diseño debe estar autorizado para su uso. No puede darnos imágenes cogidas de Google, por ejemplo.

- Propiedad del código o archivos editables: normalmente es mejor dejar claro si entregas o no tus editables. Ten en cuenta que estarías entregando el molde. Yo por ejemplo sólo entrego editables en logos o en los casos en los que se ha concretado desde el inicio con el cliente porque lo requería el proyecto.

- Garantías: si se trata de una web tendrás que indicar y delimitar bien si hay una garantía de X semanas por si existe algún error que corregir. Lo mejor que puede hacer el freelance es no prometer que funcionará a la perfección, porque siempre habrá algún pequeño fallo. Sería bueno delimitar qué errores se solucionarán de forma gratuita y cuáles tendrán un recargo.

- Aspectos legales, confidencialidad, derechos de autor, licencias y LOPD.

- Firmas.

## Cómo y cuándo entregar el contrato

Como he comentado antes, entregaremos el contrato firmado al cliente una vez haya aceptado el presupuesto para que nos lo devuelva firmado y tengamos ambos una copia. Se lo podemos hacer llegar por email y, además, podemos crear una carpeta de Dropbox y compartirla con el cliente donde incluir toda la documentación importante. También puedes utilizar plataformas para enviarlo y firmarlo online fácilmente como Bigle Legal o HelloSign.

## Qué es un briefing y por qué lo necesitas en cualquier proyecto

Una vez tenemos aceptado el presupuesto y firmado el contrato es hora de preparar un briefing creativo del proyecto con ayuda de nuestro cliente para tener claro lo que tenemos que desarrollar.

Hay clientes que te piden presupuesto con un briefing redactado de antemano, pero la mayoría no lo hará. Por eso tenemos que ayudarles a crear uno para que nos facilite nuestro trabajo y el proyecto cumpla sus objetivos.

Parte del briefing quizás lo tengas ya completado de antemano gracias a las preguntas de cualificación y a la reunión previa. Pero debemos pedir el resto de información en detalle al cliente para comenzar con el servicio.

Cualquier trabajo de diseño o creativo en general, por pequeño que sea, debe estar respaldado por un buen briefing.

Un brief o briefing creativo es un documento que identifica los objetivos clave de una campaña o un diseño, define al público objetivo, explica las necesidades concretas para llegar él y actúa como una guía para la creación de los materiales solicitados.

Se trata de un documento imprescindible antes de comenzar con cualquier proceso creativo porque reúne todos los requerimientos esenciales para que tú puedas crear un diseño o proyecto acorde con los objetivos y no vayas dando palos de ciego imaginando la idea que el cliente tiene en mente.

Imagina que te piden un cartel y no te indican el mensaje que debe llevar ni a quién va dirigido o que te piden un logotipo y te dicen que quieren que sea «limpio y con fuerza».

Ese tipo de descripciones de poco nos sirven para ponernos a diseñar y probablemente hagamos unas propuestas guiadas por el instinto y al final no tengan nada que ver con la idea del cliente. Como leí una vez en el blog de Maider Tomasena «Un diseño sin mensaje ni contenido no es diseño, es decoración» y no queremos hacer un trabajo sin fondo simplemente para hacer cosas bonitas, queremos que cumpla una función. Queremos ofrecer servicios de calidad y que tengan resultados e impacto dentro de los objetivos de la empresa del cliente y para ello esta fase es esencial.

Por eso es necesario conocer de una manera clara pero breve cuáles son los objetivos, a quién se dirigen, qué quieren transmitir con su marca, cuál es el mensaje y las preferencias de diseño entre otras cosas.

### Cómo hacer un buen briefing creativo

No existe un modelo de briefing estándar porque dependerá de cada cliente o de cada servicio. Sin embargo, sí existen algunos aspectos que no hay que olvidar y que detallaré a continuación:

**- Detalles de la empresa y marca**

Lo primero que tenemos que conocer es la información sobre el cliente. Desde los valores de la empresa, los servicios que ofrece, en qué se diferencia de la competencia, cuál es su historia…

**- Detalles del proyecto**

Es importante conocer bien los detalles que se requieren para el proyecto como puede ser en qué soportes van a aparecer las artes finales para poder adecuar los entregables con el medio donde se mostrarán o las dimensiones concretas de un diseño, por ejemplo.

**- El target**

Tenemos que conocer a qué público quieren llegar con el proyecto que vamos a desarrollar. Se deben incluir todos los detalles importantes como la edad, sexo, localización o poder adquisitivo. Puedes preguntar por su cliente ideal.

**- Materiales disponibles**

Si la empresa ya cuenta con materiales como logotipo o manual corporativo, otros materiales publicitarios, contenido en texto con copy creativo o fotografías que tengamos que utilizar. De esta manera, también podemos ver si tiene partes necesarias no cubiertas para ofrecerlas o recomendarle a algún colaborador.

**- Estilo y preferencias estéticas**

Tenemos que saber lo que el cliente quiere y no quiere en cuestión de estilo, pero siempre con criterio y ofreciéndoles orientación en el caso de que sus preferencias no sean las más adecuadas. Para esto también puedes crear un moodboard con ejemplos de otras empresas, aunque sean de la competencia o de otro sector utilizando Pinterest, por ejemplo.

## Cómo automatizar el proceso de creación del briefing

Normalmente cuando hablamos de agencias o de empresas potentes, este documento lo crea el departamento de marketing o comunicación y te lo hace llegar incluso antes de que le pases un presupuesto para que sepas en concreto lo que se necesitan.

Pero la realidad es que pocos clientes tendrán un briefing creado cuando lleguen a ti. Por eso, es importante que les ayudes a crear un briefing de trabajo antes de ponerte en marcha con el proyecto en sí o en algunos casos incluso antes de crear el presupuesto si hablamos de proyectos más complejos o a medida.

Para que el proceso sea más sencillo, cuando un cliente te compra un servicio con precio fijo, puedes hacerle llegar un formulario para que rellene. Este formulario lo puedes tener ya creado previamente para todos tus clientes que te soliciten ese servicio en formato de Word, en una página de tu web con Typeform o con Contact Form 7 o en un cuestionario de Google Drive, por ejemplo.

Además, si tienes integrado SendOwl en tu web para automatizar el proceso de compra, podrás configurarlo para que se envíe automáticamente este formulario al cliente una vez completado el pago. De esta forma todo el proceso será mucho más rápido y no tendrás que perder demasiado tiempo en intercambios de emails con tu cliente para ponerte en marcha.

Si se trata de un presupuesto a medida probablemente algunas de las cuestiones las hayas resuelto ya en un formulario de cualificación, en una reunión o en emails previos, pero es importante que todo quede bien explicado por escrito y que no falten detalles. Así que, si durante el proceso se ha ido completando el briefing puedes hacérselo llegar a tu cliente tras la primera reunión para que lo completen, revisen o confirmen que es correcto.

Si no es el caso, entonces puedes hacerle llegar el formulario para que lo completen antes de la primera reunión.

Cada freelance tendrá que ver cuál es el sistema que mejor le funciona en su caso y en cada uno de sus servicios para que el proceso fluya correctamente. Por ejemplo, puedes incluir las preguntas junto con las de cualificación en un formulario de solicitud de presupuesto, pero tendrás que valorar si realmente este formulario inicial es demasiado denso o largo y puede espantar a los clientes.

# CASO DE ÉXITO: Victoria Lloret

Alumna del Programa Formativo Imperio Freelance
www.victorialloret.com
Diseñadora audiovisual para profesionales creativos y de marketing

**¿Qué te motivó a hacer cambios en tu negocio y a implementar una estrategia de marketing?**

Decidí hacer cambios en mi negocio porque estaba en un momento en el que veía que pasaba demasiado tiempo elaborando presupuestos que difícilmente me aceptaban, luchando por precio constantemente y además con un montón de minijobs a los que dedicaba mucho tiempo sin prácticamente beneficios. Me había montado una web con toda la ilusión del mundo pensando que cambiaría las cosas, pero resulta que no la visitaba mucha más gente a parte de mi familia y algún que otro conocido. Sabía que si quería seguir con mi proyecto tenía que hacer algo, pero no tenía ni idea de cuál era el problema.

**¿Cuánto tiempo tardaste en implementar los cambios propuestos en *Imperio Freelance*?**

Empecé con el nuevo enfoque de mi negocio y los cambios más importantes unos tres meses después de apuntarme a *Imperio Freelance*. Aunque aún sigo entrando de vez en cuando al curso para ver las novedades y seguir implementando cosas que aún no había hecho.

**¿Qué resultados has obtenido gracias a estos cambios en tu negocio?**

Desde que implementé los cambios he conseguido mucha claridad en mi negocio para saber qué hacer a continuación, nuevos clientes en varias partes del mundo pero clientes con los que me encanta trabajar, poner un precio coherente a mis servicios y no tener que dar explicaciones de porqué valen lo que valen, muchísima seguridad y confianza en mi proyecto del que no siempre había estado segura de que podría funcionar, perder mucho menos tiempo en cosas como presupuestos, contratos e intercambio de mails para contratar un servicio, conocer gente genial de este mundillo online y sobretodo disfrutar haciendo lo que hago.

**¿De qué manera *Imperio Freelance* ha cambiado tu negocio o tu vida?**

*Imperio Freelance* ha cambiado totalmente la forma de ver mi negocio. Siento que ahora tengo el control y no estoy esperando a que llegue el cliente o trabajo perfecto, ni siquiera tengo que ir a buscarlo, lo más impresionante es que ahora ¡¡viene solo!! Para mí ha sido un cambio radical incluso en mi vida porque ahora me siento muy satisfecha con mi trabajo y muchísimo más focalizada.

**¿Cuál ha sido la mayor sorpresa o el mayor impacto durante todo el proceso?**

A mí al principio me daba un poco de miedo aplicar los cambios, además mucha gente opinaba que si me especializaba en una sola cosa me «cerraría puertas» y perdería clientes, pero la mayor sorpresa ha sido ver cómo, precisamente eso, ha sido lo que me ha ayudado a dar un giro completo a mi negocio. Que me contacten para que pruebe apps de vídeo antes de su lanzamiento y tener clientes fuera de España me sigue alucinando cuando hace menos de un año no llegaba mucho más allá de donde vivo.

# CAPÍTULO 5:

## VENTA Y NEGOCIACIÓN

# Cuáles son las fases de la venta

## De la venta tradicional a la venta online

Conocer el ciclo de venta por el que pasa una persona antes de comprar es fundamental para cualquier negocio ya que así podremos optimizar nuestra estrategia en cada una de las fases de la venta. Esto es importante porque la realidad es que casi nadie compra nada más conocer a un profesional o una marca.

En la venta tradicional, a grandes rasgos, la empresa está orientada a cazar clientes presentando los servicios de manera inmediata (en la mayoría de los casos a puerta fría) para intentar vender incluso sin haber establecido una relación previa con el posible cliente y orientado al público general o masivo sin conocer las necesidades concretas.

Por ejemplo: vendes webs y te paseas por diferentes negocios para intentar convencerles de que necesitan tener presencia online para vender más en su negocio y que contraten tus servicios. O, en el caso de tener una base de datos, envías newsletters promocionales nada más darse de alta un nuevo suscriptor. O en el caso de que entre una visita a tu web y la tienes llena de banners y popups para que te compren. Es decir, estás haciendo una venta agresiva y no estás teniendo en cuenta si la empresa o persona en cuestión tiene un problema o necesidad que quiera cubrir e intentas venderle una solución que quizás no consideren que necesitan en ese momento. Lo que conseguirás será un desgaste enorme, un interés pobre de tus clientes potenciales que estarán saturados de ofertas comerciales y un cierre de ventas mínimo.

Sin embargo, lo que yo quiero que aprendas en este libro son estrategias para vender online basadas en marketing de atracción y de contenidos, donde en lugar de cazar (como en el caso anterior), pescamos. De esta manera haremos que los clientes vengan a nosotros en lugar de bombardearles con publicidad e interrupciones como se ha hecho toda la vida.

Por eso, nos centraremos en ofrecer contenidos a través de un blog profesional y de nuestro email aportando mucho valor para atraer y retener a lectores, incluso sabiendo que más de un 90 % de estas visitas no comprarán nunca nuestros servicios o productos. Y es que nadie compra la primera vez que entra en una web porque, según varios estudios, se necesitan entre 10 y 20 puntos de contacto para que un lector se convierta en cliente.

No se trata de bombardear a emails comerciales sin ton ni son, sino de dejar huella con cada una de nuestras comunicaciones para empezar a posicionarnos como referentes en la mente de nuestros lectores y que, al final, se conviertan en evangelistas de nuestra marca personal y de nuestros servicios. Esto se consigue enviando contenidos muy buenos a nuestros suscriptores de email y, como hago yo, ayudando a la gente respondiendo a sus consultas.

En un proceso de compra tradicional el posible cliente pasa por tres fases:

1. Tiene un problema o necesidad que cubrir e investiga soluciones para ello (Fase de Descubrimiento).
2. Considera y evalúa las diferentes opciones del mercado para solucionar su problema (Fase de Consideración).
3. Decide a quién comprar o contratar (Fase de Decisión).

Así que, si lo trasladamos a la venta online, en nuestro caso como vendedores, también atravesamos estas fases:

1. Atraemos lectores hacia nuestro blog con contenido de mucho valor que resuelve problemas del nicho en relación a nuestra especialidad.
2. Creamos una relación por email con más contenidos de interés para que nos consideren dentro de sus opciones de compra.
3. Ofrecemos nuestros servicios o productos para intentar cerrar la venta. Sería interesante en este punto ofrecer un servicio pequeño de entrada que ayude a que en un futuro nos contrate un servicio de más envergadura. Por ejemplo: una auditoría web de entrada, un estudio de marca o un ebook como mi guía *La tarifa justa*.

Llevar al usuario por todo el ciclo de venta consiste en darle el contenido adecuado en el momento adecuado, es decir, según en la fase en la que se encuentre le tendrás que ofrecer unos contenidos concretos primero en el blog y después por email.

Estos tres pasos definen un embudo de conversión donde ponemos nuestro esfuerzo en crear contenidos muy interesantes en nuestro blog para aumentar nuestra visibilidad y recibir cada vez más visitas; de esas visitas, un porcentaje se suscribirá a nuestra newsletter y finalmente un porcentaje menor de nuestros suscriptores serán los que nos compren y se conviertan en clientes.

Se trata de un proceso más largo que la venta tradicional basada directamente en publicidad. Sin embargo, aunque muchos suscriptores no se conviertan en clientes a corto plazo, lo interesante es que igualmente acaben siendo nuestros evangelistas y los mejores prescriptores («recomendadores») de nuestros servicios.

Vamos a ver a continuación un modelo de marketing que se basa en el hecho de que desde siempre los negocios son algo que se hace entre personas reales y que es necesario crear vínculos, conocer y ganarse la confianza de alguien para que después haya ventas.

## Guión paso a paso del modelo de marketing AIDA

Las siglas que configuran AIDA responden a las fases de Atención, Interés, Deseo y Acción de un usuario frente a determinado contenido, y conforman una metodología universal y probada esencial para aplicar dentro de nuestra estrategia de marketing de atracción.

Por eso, nuestras estrategias de venta en internet se basarán en todo momento en la confianza, la transparencia, la honestidad y el aporte de valor con el modelo AIDA como pilar estratégico.

Vamos a ver ahora cada fase de este modelo con más detalle aplicado a ejemplos de diferentes contenidos y estrategias dentro de un negocio online.

### - Fase de Atención

Primero captaremos la atención de nuestros clientes potenciales. En esta fase hay que poner nuestros esfuerzos en que los posibles clientes presten atención a lo que queremos decirles para retenerlos y que sigan leyendo, hagan click o escuchen lo que queremos decir. Para esto es importante analizar bien el perfil y los problemas de nuestro cliente ideal como vimos al inicio porque de esta forma sabremos qué mensajes pueden llamar su atención centrados en sus frustraciones, miedos, deseos o necesidades.

En el marketing tradicional offline esto se consigue con un buen mensaje en un póster, una cuña de radio, un anuncio en

TV, etc. que llame la atención del receptor. Pero si hablamos de marketing de atracción online, la atención del usuario se conseguirá por ejemplo con:

- Un buen título de un post
- Un asunto de mensaje de email que anime a abrir el correo
- Un tweet que incite a pinchar o cualquier otro post en redes sociales
- Un regalo para animar a darse de alta en tu newsletter, etc.

### - Fase de Interés

Cuando ya hemos llamado su atención, nuestro objetivo es crear un vínculo con la otra parte para que sepa que entendemos sus problemas y que tenemos una solución que le interesa y ayuda a resolverlos. Por ejemplo:

- En un post se puede corresponder con un párrafo introductorio donde expliques cuál es su problema mediante una historia personal con la que se sienta identificado y dónde cuentas cómo tú puedes ayudarle a resolverlo.
- En un email puede ser una introducción donde expliques brevemente qué problemas resuelve un artículo que le envías de tu blog.
- En una secuencia de emails se correspondería con un email con un regalo de bienvenida, un correo contando tu historia personal o preguntando cuáles son sus problemas para ayudarle con algún consejo personalizado, por ejemplo, e interactuar con él.

- En una página de venta podemos explicar los problemas que resuelve tu servicio.

## - Fase de Deseo

Transformaremos este interés en deseo y para ello nos centraremos en mostrarle que lo que le ofrecemos va a resolver sus problemas y va a cambiarles la vida. Por eso nos centraremos en los beneficios y en el antes y después que existirá en su vida o su negocio si compra nuestro servicio, pone en práctica los consejos de nuestro blog o realiza la acción que después queremos que haga. ¿Cómo podemos aplicar esto dentro de nuestras estrategias?:

- En un post se puede corresponder con un párrafo donde expliques los beneficios que obtendrá tras poner el contenido en práctica o tras leer el post.
- En un email puede ser una introducción donde expliques brevemente lo que va a obtener al leer un artículo que le envías de tu blog.
- En una secuencia de emails se correspondería con un email con contenido de mucho valor como tutoriales de paso a paso o un recopilatorio de los mejores posts.
- En una página de venta podemos explicar los beneficios de tu servicio y cómo será su vida y su negocio tras contratarte.

## - Fase de Acción

Por último, después de haber atravesado cada fase, convertiremos el deseo del posible cliente en acción para que se cierre una venta, una reunión o una solicitud de presupuesto (dependiendo de nuestros objetivos). La idea es que las acciones o campañas que realicemos se materialicen en una acción. Para ello tendremos que utilizar un call to action o llamadas a la acción para que nuestros clientes potenciales actúen según el comportamiento que deseamos que tengan. Por ejemplo:

- En un post podemos animar a los lectores a escribir un comentario o a que se suscriban a nuestro blog al finalizar la lectura.
- En un email sería la frase que anime a pinchar en un enlace para ir al post del blog, a una página de venta o a responder tu email.
- En una secuencia de emails se correspondería con el último email de la secuencia donde ofrezcas una solución y llevarle a la página de venta de tu servicio.
- En una página de venta sería una frase que anime a la compra y un botón para realizar la transacción.

También en este caso hablamos de un embudo en el que entrarán muchas personas en la fase de atención, pero finalmente un número más reducido se convertirá en clientes.

Así, si aplicamos este modelo a una estrategia de venta online con un blog y con email marketing, finalmente nuestra secuencia o embudo de ventas se parecería a lo siguiente:

1. Conseguimos visitas hacia nuestra web.
2. Les animamos a que se inscriban en nuestra base de datos con un regalo de bienvenida (Atención).
3. Creamos una relación de confianza por email donde enviaremos buenos contenidos e incluso resolveremos du-

das que ayuden a solucionar sus problemas y frustraciones (Interés y Deseo).

4. Le presentamos por email nuestros servicios animando a que pinchen en un enlace hacia nuestra página de venta (Acción).
5. Un porcentaje realizará la compra o nos pedirá presupuesto y se convertirá en cliente.
6. Ofreceremos más contenidos para fidelizar a los clientes.
7. Les ponemos en bandeja que recomienden nuestros servicios.

## Cómo automatizar el proceso de venta en tu web

Con una estrategia de contenidos bien desarrollada en tu web y una caja de suscripción a una base de datos con un regalo de bienvenida (que se correspondería con la fase de Atención), conseguirás captar el email de una persona que será tu cliente potencial y tu misión será la de cultivar una buena relación con él.

Durante años el email marketing se basaba en enviar correos promocionales y bombardear con ofertas (y de hecho en muchos casos se sigue haciendo). Nosotros no queremos hacer esto porque es demasiado agresivo.

Entraríamos entonces en las fases de Interés, Deseo y finalmente la Acción, que será el último paso donde presentaremos nuestros servicios para que compre o nos pida presupuesto con una secuencia de emails.

Es interesante darle la bienvenida al lector cuando se da de alta en nuestra lista de correo y enviarle un regalo en agradecimiento por haberse unido a nuestra comunidad. Y después, podemos entregarle cada cierto tiempo emails con contenido de mucho valor para él, ya sea los mejores artículos de tu blog o contenido exclusivo para la lista de correo como trainings gratuitos, por ejemplo. Más adelante podríamos enviarle un email con nuestros servicios para que sepan que estamos ahí para ayudarles también de manera más completa y personalizada.

En mi caso regalo un curso gratis de cinco días por email, lo que me permite demostrar a mis suscriptores cuánto sé de sus problemas y dar algunas pautas para que ellos mismos los puedan resolver. Durante esos días, ofrezco contenido que despiertan su interés y deseo hasta que finalmente envío un email de venta con la opción de ampliar los conocimientos con una guía de pago. Muchos pensarán: «pero si les digo cómo hacer las cosas para resolver sus problemas entonces, ¿para qué me van a contratar?». No hay que tener miedo de ofrecer contenido detallado de mucho valor. Ten en cuenta que los contenidos que ofrezco son muy útiles pero que muchos de mis suscriptores no serán capaces de llevar todo a cabo por sí mismos y necesitarán o preferirán finalmente ayuda de un experto. El contenido más avanzado o más «paso a paso» lo ofrecerás en forma de servicios o de infoproductos como ebooks o cursos online. También es cierto que siempre hay que reservarse algo de información porque si lo explicas todo estás desaprovechando la oportunidad de poder ofrecer contenido más avanzado en un servicio, un infoproducto o en un curso de pago.

Haciendo esto, estoy preparando el terreno para mis futuras ventas, ya que cada día que pasa reduzco objeciones de posibles nuevos clientes para cuando les presente mi guía, mi curso o servicios.

Yo siempre lo digo: me gusta poder ayudar a mucha gente y sé que no todo el mundo puede permitirse trabajar conmigo o comprar mis cursos o infoproductos (ni yo tengo capacidad ni tiempo para poder hacerlo gratis para tanta gente) y por ese motivo, ofrezco mucho contenido y recursos gratuitos en mi blog. Así que, para mí, el blog es la mejor herramienta para poder ser útil, ayudar a los demás y devolver mi parte en cuanto a «karma digital» se refiere porque yo siempre he obtenido muchísima ayuda desinteresada de internautas que escriben en blogs y foros para ayudar a otros.

Finalmente, después de todos estos días entregando mucha información por email, despertando el interés del suscriptor y demostrando mis capacidades, presento mi guía *La tarifa justa* (o el producto/servicio que quiera vender en ese momento) para intentar cerrar la venta.

En tu caso tienes varias opciones para ofrecer en tu email de entrada:

Puedes presentar tu servicio de precio más bajo que puede ser de diseño, de consultoría o auditoría.

Puedes crear un ebook, tutoría o guía de pago, o puedes ofrecer la opción de «Diagnóstico gratuito» para establecer una primera reunión con un posible cliente, conocer su problema y ver qué solución le puedes ofrecer dentro de tus servicios.

Sería muy difícil hacer todo esto de manera manual con cada suscriptor que entrara en mi base de datos. Por eso, la mejor manera de implementar esta estrategia es con el llamado marketing automation, que nos permite automatizar las comunicaciones con nuestros suscriptores y clientes, con un sistema de autorespondedores.

Existen diferentes herramientas en internet que nos permiten crear pequeños sistemas que envíen automáticamente a cada nuevo suscriptor los contenidos que nosotros prepararemos previamente. Yo he utilizado Mailchimp, Drip y Active Campaign que ofrecen esta opción (aunque hay muchas más en el mercado).

De esta manera no me tengo que preocupar de escribir manualmente cada email y hacerles llegar el email de bienvenida con mis regalos y el curso cada día. Sin embargo, es importante responder de manera personalizada a cada email que te escriban tus contactos. De lo contrario, pareceríamos un robot y queremos que el cliente sepa que hay una persona al otro lado del ordenador dispuesta a ayudarle.

Todo esto que comento es bastante complejo y no voy a entrar en detalle en la creación de la secuencia de emails automatizada porque estaríamos hablando ya de una fase más avanzada y daría para un curso completo.

Lo que puede ser más fácil para empezar y con coste cero, es enviar un email de bienvenida automático con la descarga del regalo que ofrezcas en un link en el cuerpo de este mismo email. Con Mailchimp o Active Campaign es sencillo configurar este correo automático y además podrías enviar automáticamente cada semana los contenidos de tu blog por email a tus suscriptores para llevarles a tu web a leer tu nuevo artículo y crear campañas de venta de tus servicios puntualmente.

También es interesante enviar emails posteriores a realizar la compra y/o el servicio contratado para solicitar feedback, testimonio o que el cliente nos recomiende a sus colegas.

Ahora vamos a continuar con el último paso antes de cerrar un proceso de ventas: cuando un cliente se interesa por tus servicios y acabas realizando un presupuesto a medida. Si el cliente no lo tiene claro, entraremos en una fase de negociación antes de que el cliente termine comprando y voy a explicar ahora el proceso que recomiendo seguir.

# Cómo negociar después de enviar un presupuesto

A lo largo de este libro una serie de estrategias y herramientas para mejorar nuestro posicionamiento como referentes, centrarnos en los beneficios para los clientes y facilitar el proceso de venta para cerrar los tratos de una manera lo más sencilla y sistematizada posible.

Sin embargo, cuando hablamos de presupuestos a medida con precios más elevados puede que el cliente quiera hablar contigo para aclarar dudas y/o negociar el precio del proyecto.

Este momento es crítico para muchos freelancers (yo incluida) porque tenemos miedo a que el cliente no esté de acuerdo con lo ofrecido, no sepamos llevar la situación y, finalmente, rechace nuestra propuesta.

## Cómo quitar el miedo a negociar

Enfrentarnos a una posible reunión para negociar un presupuesto nos puede causar estrés y muchas veces reaccionamos en el mismo momento intentado justificar nuestro presupuesto de mala manera y diciendo que sí a todo lo que nos pide el cliente.

De esta manera estamos dándole el control directamente al cliente dejando que imponga sus condiciones y nosotros aceptándolas con la cabeza baja. Está claro que esto pone en peligro nuestro negocio y que encima dejamos que otra persona decida sobre nuestros precios y finanzas.

Por otra parte, los nervios pueden hacer que nos pongamos tensos o incluso bordes sin querer por intentar demostrar que tú mandas y que tu trabajo tiene un precio y no lo puede hacer el sobrino que controla de Photoshop. Vamos a intentar ser naturales y nunca estar a la defensiva a pesar de que no nos guste lo que el cliente dice.

Bueno, no te preocupes porque es normal y por lo general a nadie nos gusta pasar por este punto porque lo nuestro es el diseño y no las reuniones de negocios…

El miedo aparece cuando nos sentimos inseguros con el proceso porque no tenemos experiencia negociando o pensamos que no se nos da bien. Ten en cuenta que igual para tu cliente tampoco es una situación cómoda y que igual él tampoco es fan de las negociaciones. Así que vamos a intentar hacer las cosas lo más fáciles posibles.

¿Y qué hay que hacer cuando nos enfrentamos a algo que nos da miedo? Pues toca salir de nuestra zona de confort, tocar el miedo y visualizar qué sería lo peor que nos podría pasar si la cosa no sale según lo esperado.

Mi recomendación, fruto de consejos de expertos en miedos, es que te sientes y escribas qué te produce miedo de la situación antes de enfrentarte a ello. De esta manera podrás conocer mejor qué es lo que te asusta de esto y rebajar el nivel de tensión preparándote para lo que venga.

Con ello nos anticipamos a la situación y podemos entender qué es lo que más nos preocupa o nos pone nerviosos y ser capaces de racionalizar nuestros pensamientos de miedo.

¿Tienes miedo a resultar caro y que te quieran rebajar el precio? ¿Tienes miedo a perder una oportunidad de trabajo? ¿Tienes miedo a que te rechacen y no te recomienden? ¿Tienes miedo a que te digan que no y no puedas pagar tus facturas?

La respuesta a todo es: si no pueden permitirse trabajar contigo entonces, estarás ganando y no perdiendo porque te estarás acercando al cliente que sí paga lo que te mereces. Quizás lo que ellos necesitan no es tu servicio sino el de otro tipo de freelance que baja precios desesperado por cazar un nuevo cliente.

Si ya has trabajado en más proyectos sabes de sobra que hay personas dispuestas a contratarte y más ahora que estás siendo proactivo con tu negocio y vas a realizar estrategias probadas para captar clientes. Ten en cuenta que, si un proyecto no sale, habrá más opciones y que además vas a tener las herramientas en tu mano para encontrar tus propias oportunidades, diversificar tu entrada de ingresos y no depender de aceptar proyectos nada rentables por miedo a no tener trabajo en el futuro.

También tenemos que asumir que habrá muchos profesionales que sigan ofreciendo trabajos similares con precios ridículos, que no podemos contentar a todo el mundo y que parte de los presupuestos que pasemos puede que no terminen en venta. Es un hecho y hay que mentalizarse y vivir con ello.

Una vez lo tengas interiorizado, tu miedo a perder clientes o proyectos descenderá y estarás muchísimo más relajado a la hora de negociar.

### Cómo resolver objeciones del cliente

Una de las maneras más eficaces para prepararse frente a una negociación es anticiparse previamente a las posibles objeciones que pueda tener el cliente respecto a nuestro presupuesto. Aunque hayas intentado dejar todo claro en una página de venta, en una reunión inicial y en intercambio de emails puede que te topes con un cliente que pone mil pegas al presupuesto que le has pasado o que tiene objeciones al compararlo con otros presupuestos.

No te lo tomes como algo malo, puede ser una oportunidad para ganarte al cliente y además es interesante conocer las objeciones porque nos ayuda también a mejorar nuestro servicio con cosas que no hemos tenido en cuenta y a reforzar nuestro discurso y/o página de venta con la resolución de los puntos de dolor que identifiquemos.

Puede que el cliente tenga objeciones y ni siquiera te las diga, así que pregunta sin miedo si tiene dudas sobre el presupuesto cuando hables con él.

Las objeciones típicas son las siguientes:

**La competencia.** Tiene más presupuestos con precios más bajos o mejores condiciones, pero si está negociando contigo es porque todavía le interesas. No hay que hablar mal de la competencia o de las otras alternativas del mercado. Muestra aquello bueno que te diferencia de la competencia, por qué tus servicios son diferentes y por qué eres la mejor opción para su caso.

**Características del proyecto.** Puede que algún punto del proyecto que le ofreces no esté del todo claro o no lo hayas tenido en cuenta. En ese caso, aclara el malentendido y revisa el proyecto con el cliente para adaptar el presupuesto a las características concretas que necesita en la medida de lo posible y hazle llegar un nuevo presupuesto después.

**Inseguridad o miedo.** Cuando ves que el cliente no está seguro de si debería contratar tus servicios y se muestra un poco escéptico es momento de poner ejemplos de otros proyectos o casos de éxito y de mostrar los beneficios y/o garantías de hacer el proyecto contigo. Se trata de rebajar la fricción y argumentar el valor de tu servicio para reducir esa inseguridad frente al desembolso del cliente.

**Cuando no te pone pegas, pero te dice que se lo va a pensar.** Es momento de preguntar si tiene alguna duda o algo no ha quedado claro para ver qué es lo que sucede.

Y, por último, pero no menos importante:

**El precio.** Ahora veremos qué hacer en este caso para estar preparados cuando un cliente te dice que el precio es demasiado alto.

## Qué hacer cuando el cliente quiere bajar el precio

En una ocasión en una reunión con un cliente en la que me pedían un logotipo cometí el error de no cualificarlo previamente como os he contado en este curso. Al comenzar a hablar de plazos de entrega y precio mínimo del servicio, apareció de la nada otro del equipo que no había estado presente durante la reunión y de muy malas maneras dibujó rápido un garabato en una servilleta, lo tiró en la mesa y dijo de manera muy despectiva que les había ahorrado XXX € y dos semanas de trabajo. La cara se me debió cambiar seguro, pero me guardé mi opinión, pasé del tema y para mis adentros dije «no pienso trabajar con esta gente». Con esto quiero decir que no tienes obligación de contentar a nadie ni de bajar los precios si alguien no valora tu trabajo. Igual otra persona en esa situación habría cogido el presupuesto y habría reducido el importe y los plazos de entrega por miedo a que le rechazaran. Pero sinceramente, ¿te compensa?

Si te encuentras con un cliente de estos (que será raro porque con todo el proceso previo que hemos visto es difícil que se cuelen este tipo de clientes tóxicos), lo mejor es no negociar y adiós muy buenas.

Antes de ponerte a negociar con un cliente es importante hacer una reflexión interna y saber en qué estás dispuesto a ceder y ser más flexible y en qué no. Tienes que tener claro qué aspectos de tu servicio no son negociables (como por ejemplo que pague un anticipo para empezar a trabajar en su proyecto).

Por otro lado, la realidad es que habrá clientes que intenten bajar el precio o que no estén seguros si contratar tus servicios porque el precio les parezca elevado y se salga de su presupuesto inicial. Y es que, por lo general, todos intentamos gastar lo mínimo para reducir costes en nuestro negocio, pero no necesariamente vamos a comprar la opción más barata.

Si se trata de un servicio a precio fijo puede que haya personas que te escriban para intentar reducir el precio quitando características.

Negociar es ceder. Si no quieres ceder, como en este caso, no negocies.

Transmite al cliente claramente cuáles son las condiciones y beneficios de tu servicio. Explica que las condiciones son las que son porque es un paquete cerrado de precio fijo y en todo caso tu misión será dar argumentos a tu posible cliente para que perciba los beneficios de trabajar contigo y contratar este servicio. En todo caso, puedes tener la posibilidad dentro de un paquete fijo de agregar algún extra dentro de unas opciones que tú indiques. Pero yo nunca bajaría los precios mínimos de ningún servicio para negociar a no ser que quieras hacer una oferta especial a alguien con quien quieres trabajar para empezar a tener portafolio, por ejemplo.

Hay que intentar escuchar al cliente para ver si existe alguna otra objeción escondida detrás de las pegas en el precio. Quizás no esté percibiendo el valor real ofrecido y por ello, el precio le puede parecer elevado. A veces igual interpretamos que el cliente nos pide un descuento, cuando en realidad lo que necesita son argumentos que prueben el valor de nuestro presupuesto. Para ello lo mejor es recordar los beneficios del servicio, del valor entregado y hablar siempre de que se trata de una inversión para su negocio y no un gasto.

Aparte de esto, cuando un cliente quiere realizar un proyecto, suele tener varios presupuestos bajo la manga y puede que mire desde las opciones más caras consultando a agencias o estudios de diseño hasta la posibilidad de contratar algún freelance low cost en portales tipo Fiverr.

Así que, probablemente quiera rebajar tu precio teniendo en cuenta que tú también eres un freelance y que tienen otras alternativas disponibles con precios bastante inferiores a los tuyos.

En realidad, ellos quieren trabajar contigo porque saben que tu trabajo es mejor (sino no intentarían negociar y se irían directamente donde otro) así que esto es una buena señal, pero el cliente no se lo puede o quiere permitir así que intenta hacer un poco de «chantaje» para ver si por miedo a que elija otra opción les baja el precio.

La realidad es que tu servicio es muy muy diferente al que le puede ofrecer un freelance de Fiverr o incluso, un freelance del tipo que tú eras antes (de los generalistas sin posicionamiento ni estrategia ni servicios concretos) y tienes que tener total seguridad en ello. Tú te enfocas en los beneficios, los resultados y el valor que entregas al cliente y por eso, tienes unos servicios de mucha calidad en los que inviertes bastante más tiempo que un diseñador low cost o generalista.

¿Qué argumento le puedes dar a este cliente para pararle los pies? Pues que no puedes reducir el precio e igualarlo al de ese otro diseñador porque tendrías que dedicar mucho menos tiempo al proyecto para que fuera rentable y pondrías en peligro la calidad y resultado de éste. De igual manera, le puedes ofrecer uno de tus servicios a precio fijo que será de un importe más bajo, así que el cliente tiene bastante donde elegir si realmente le interesa trabajar contigo.

Así que claramente, tú no puedes igualar esos precios ni los vas a reducir porque otros lo estén haciendo.

Por tanto, cuando un cliente quiera bajar el precio que tú le has ofrecido nunca nunca bajes el importe del servicio sin más. Si un servicio de ciertas características y alcance tiene un precio, nunca podemos bajar el precio así porque sí. Si lo haces le harás pensar al cliente que tus precios están inflados y que en realidad lo puedes hacer más barato, pero a él se lo has intentado colar. Así que nunca bajes el precio de tus servicios porque un cliente te pida un descuento o rebaja, parecerás poco profesional e inspirarás poca confianza.

Pensarás que con lo que te he dicho hasta ahora, si el cliente quiere bajar el precio tú te tienes que cerrar en banda y decirle adiós. Pues esa no es la cuestión realmente, si nos interesa el proyecto entonces vamos a negociar e intentar llegar a un acuerdo, pero siempre dentro de ciertos límites y con cabeza.

¿Entonces qué? Pues tenemos dos opciones:

## 1 – Sumar valor

En lugar de bajar el precio la mejor opción es la de añadir algún extra gratuito. Si el cliente quiere reducir el precio lo mejor es intentar agregar condiciones, mejorar plazos o características que le faciliten la vida al cliente y mejoren el proyecto.

Puedes añadirle algún extra que para ti no suponga demasiado esfuerzo pero que para él tenga mucho valor. Por ejemplo: un infoproducto o minicurso que tengamos en venta en nuestra web. O por ejemplo si hablamos de web, le puedes añadir una hora de formación a medida para aprender a usarla. O si hablas de logos puedes añadirle alguna adaptación o pequeño diseño extra gratis.

## 2 – Reducir el alcance del proyecto

Si realmente no puede asumir el coste, aun habiendo ofrecido varias opciones cuando hablamos de presupuestos a medida, podemos intentar ser más flexibles. Lo que intentaremos es reducir las características incluidas y ofrecer un proyecto con un menor alcance y en consecuencia con un precio más bajo. Eso sí, nunca bajando de nuestro mínimo para presupuestos a medida. Hablo de cuando dentro de las tres opciones que le ofreces, quizás necesita la del medio, pero el precio se le escapa. Sin embargo, esto será como último recurso, siempre intentaremos resolver las objeciones y sumar valor en todo caso.

No obstante, tu servicio tiene que cumplir el objetivo marcado y tener la calidad que tú ofreces así que no siempre es posible reducir ciertos presupuestos por riesgo a que el resultado del trabajo no cumpla con unos mínimos.

## 3 – Descuento

Como recurso excepcional si un cliente te interesa e insiste en una rebaja en el precio, puedes ofrecerle un pequeño descuento (del 10 % o lo que tú estimes) si te hace el pago total por adelantado en lugar de pagar a plazos. Se trata de un clarísimo ejemplo de win-win: tú ganas porque tienes el pago íntegro por adelantado en tu banco y el cliente gana porque tiene una rebaja sobre el precio final.

Como ves, en todos los casos hablo de intentar tener un equilibrio entre las dos partes y nunca bajar precios y ceder sin una compensación por otro lado.

## Resumen en una negociación

En resumen, para tener confianza y seguridad en una negociación lo mejor es seguir una serie de pautas:

- Durante la charla con el cliente, escucha y anota todas las posibles objeciones que tenga sobre el presupuesto que le has pasado y posteriormente, después de entender sus preocupaciones, ofrece argumentos para rebajar su miedo o riesgo a hacer la inversión.
- Si quiere bajar el precio no entres en un regateo ni des nuevos precios durante la reunión.
- Identifica si realmente quiere bajar el precio o en realidad es que no percibe el valor de tu oferta y necesita argumentos.
- Siempre que sea posible, busca facilidades o valor extra para añadir al proyecto en lugar de bajar precio. Puede ser durante la reunión o después cuando hagas una segunda versión del presupuesto.
- Si el precio es el problema, analiza con él si es factible reducir dimensiones del proyecto o si, por el contrario, el resultado perderá calidad e impacto. Si no lo tienes claro dile que tienes que analizar todo y le darás una respuesta pronto.
- Tras la reunión piensa si de verdad quieres trabajar en este proyecto y con este cliente.
- Después de analizar todo lo comentado prepara una segunda versión de la propuesta. O bien con un presupues-

to de un alcance menor o bien con algún extra gratuito o mejora en las condiciones. Lo que hayas decidido o hablado con el cliente.
- Por supuesto, nunca bajes de tu precio mínimo ni realices proyectos que no sean rentables.

## Cómo cerrar el trato

Normalmente, en nuestro negocio la negociación durante una reunión no termina en un apretón de manos y el cierre de la venta. Se trata de un proceso más o menos largo hasta que el cliente toma una decisión. Seguramente analizará todos los presupuestos con los que cuenta y la relación que hayamos tenido con él durante la fase de venta, no sólo se basará en el precio si ha llegado hasta aquí con nosotros.

Es posible que justo le pille a tu cliente en una semana de ajetreo y que se encuentre con un pico de trabajo y tenga otras prioridades. Entonces, si han pasado unos días y todavía no te contesta puedes intentar mandar un último email de seguimiento para ver si realmente le interesa trabajar contigo y en todo caso no ha podido contestarte por un motivo como el que te digo.

Si no te contesta a ese email quizás no sea bueno seguir insistiendo porque o bien no le interesa trabajar contigo o, si realmente le interesa, probablemente sea el típico cliente con el que hay que estar detrás para todo: para pedir documentación, para pedir feedback y para pedir pagos.

Y este tipo de clientes desgasta mucho y alarga muchísimo los proyectos. Así que, ante una señal así piensa si de verdad te interesa andar detrás.

## Cómo fidelizar a tu cliente después de haber terminado su proyecto

Es importante mantener el contacto con tus clientes antiguos porque pueden ser una fuente de nuevos proyectos para su negocio o incluso de nuevos clientes. Y es que es mucho más fácil y efectivo vender a un cliente existente que encontrar y vender a nuevos clientes. Y además para ellos también es mucho mejor contratarte a ti porque ya han trabajado contigo, conoces bien su negocio y puedes tener una consistencia con el diseño mejor que contratar a otro freelance y que tengan que empezar de cero.

Para mantener una buena relación con el cliente, lo mejor es permanecer en contacto con él incluso una vez hayas terminado el trabajo para interesarte por ver qué tal está funcionando el proyecto que has creado con ellos.

Así que nuestra misión es crear buenos lazos con nuestros clientes, ofrecerles algún extra para fidelizarlos y no perderles la pista por si en algún momento nos vuelven a necesitar para algo.

### Qué puedes ofrecerle a tu cliente para fidelizarlo

Para mantener una relación duradera de confianza con tus clientes y que más adelante nos vuelva a comprar o nos recomiende, es decir, para fidelizarlo (y no me refiero a crear una tarjeta de puntos), podemos tener una serie de recursos preparados y seguir entregándoles valor gratis como veremos a continuación:

- **Newsletter**

Puedes enviarle cada semana una newsletter con el contenido semanal de tu blog donde ofrezcas cursos, recursos, herramientas y consejos para tus suscriptores. Pero, además, puedes crear otra newsletter privada especial para tus clientes diferente a la que envías a tu público con contenido más exclusivo una vez al mes, por ejemplo.

- **Librería de recursos**

Tus clientes agradecerán poder tener acceso exclusivo a una librería de recursos gratuitos que tengas preparada en tu web y que vayas actualizando y completando con el tiempo con e-books, tutoriales, recursos gráficos, paquetes de fotografías o cualquier cosa útil para tu nicho.

- **Servicio de soporte postventa**

Después de terminar el trabajo con tu cliente, puedes completar tu servicio con un soporte por email postventa por si tiene alguna duda con el proyecto durante un tiempo concreto (dos semanas, por ejemplo). De esta forma, le ofreces también una garantía por si algo no funciona correctamente y es necesario corregirlo.

- **Formación online gratuita**

Puedes enviarle también por email formación, tutoriales y/o trainings gratuitos complementarios que les ayuden con el negocio. Puede ser interesante enviarles también alguna formación gratuita o enlaces de artículos de algún colega de profesión, aunque no sea de tu especialidad.

**- Programa de afiliación**

También puedes animarles a que recomienden tus productos o servicios dentro de un programa de afiliados donde reciban una comisión por cada cliente que venga de su parte. De esta forma ganáis los dos.

**- Descuentos**

Puede que te lances a escribir y vender tu primera guía o tu primer ebook y los primeros en saberlo tienen que ser tus clientes, por supuesto. Además, para premiarles por su confianza puedes añadir un descuento. También puedes ofrecerles cupones de descuento en servicios complementarios como en imprentas o hostings. Además, tú te llevarías una comisión por recomendar el servicio.

**- Otras cosas a tener en cuenta**

Para que un cliente esté contento contigo y posteriormente repita o recomiende tus servicios, es muy importante que el servicio y atención al cliente durante el proceso de trabajo haya sido impecable. Así que, como última recomendación te diré que: da plazos más amplios para terminar siempre antes de lo previsto (tu cliente lo agradecerá), implícate como si fuera un proyecto propio e incluso da un poco más de lo que te hayan pedido (si superas sus expectativas te ganarás su confianza), cumple con tu palabra, sé honesto si existe algún problema por el camino y ofrece una solución alternativa o una compensación.

# Cómo pedir un testimonio a tu cliente

Los testimonios de tus clientes son una parte esencial dentro de tu web y de tus páginas de venta como prueba social para que otros clientes potenciales puedan conocer la opinión de otras personas que han trabajado contigo y, además, ponerse en contacto con ellas si es necesario para contrastar opiniones.

Por eso es importante solicitar un testimonio a tus clientes para obtener su opinión y añadirlo a nuestra web.

Te voy a proponer tres opciones diferentes para solicitar testimonio u opinión sobre el servicio contratado a tus clientes y que tú mismo compruebes cuál te funciona mejor.

**- Feedback libre**

Podemos pedir una opinión o testimonio a nuestro cliente directamente y que conteste lo que él quiera libremente sobre la experiencia de trabajar contigo. Esta sería la opción más típica pero el problema es que los clientes están siempre muy ocupados.

Si solicitas un feedback sin instrucciones muchas veces no sabrá muy bien qué decir y saldrá un testimonio pobre o directamente lo dejará en la tarea de cosas pendientes y no te lo enviará.

**- Feedback guiado**

Una alternativa es enviar un email con algunas preguntas para que te respondan y después crear un testimonio por ellos que sintetice el contenido y enviárselo para que te den el visto bueno.

**- Feedback con ejemplo**

La última opción sería enviarles un ejemplo de feedback sobre tu trabajo que hayas escrito tú y decirle que sobre eso te envié su testimonio o que, si le parece que se ajusta a su experiencia vivida y está muy ocupado, lo puedes dejar tal cual con su nombre y foto.

## Cómo hacer que un cliente te vuelva a contratar

Cuando has creado una buena relación con un cliente y está contento con el resultado de tu trabajo y todo el valor que le aportas con tus contenidos y el servicio que le has dado, es una buena oportunidad para ofrecerle algún servicio o producto extra para ampliar el proyecto que has desarrollado con él.

Estamos hablando de una técnica llamada upselling que, en nuestro caso, se centraría en vender servicios más avanzados a clientes actuales para completar el servicio contratado. Un ejemplo de upselling es cuando vas a comprar un iPhone y en la tienda te animan a comprar una extensión de la garantía, o cuando en McDonald's te ofrecen el menú con patatas y bebida más grande, o cuando te quedas sin espacio en Dropbox y te sugieren ampliar el espacio de almacenamiento.

Esta técnica la hemos visto en los presupuestos a medida con tres opciones, donde en la opción con importe más elevado añadíamos características adicionales que completaban el proyecto, aunque el cliente inicialmente no nos lo había pedido.

Además de esto, una vez hayamos terminado el proyecto, podemos animar al cliente a ampliar el servicio hacia uno superior para completarlo o añadir nuevas características no contempladas inicialmente en una fase previa, por ejemplo.

De esta forma, podemos exponer al cliente otras opciones que quizás no había considerado previamente porque se le salían de presupuesto y ahora que sabe cómo trabajamos, puede que le interese llevar a cabo. Si nos centramos en mejorar el proyecto del cliente pensando en él y enfocándonos en lo que realmente puede necesitar, al final estará mucho más satisfecho con el trabajo realizado y además tú obtendrás más rentabilidad con el proyecto. Eso sí, no ofrezcas algo que no necesite sólo por intentar sacarle la pasta al cliente. La intención en cualquier caso es mejorar el proyecto y hacer que el beneficio para el cliente con ello sea también mayor.

Está bien que informes a tus clientes de otros servicios por si en algún futuro quieren contratarlos, pero tampoco presiones, no queremos parecer agobiantes ni desesperados. Por supuesto, habrá muchos clientes que te digan que no, aunque estén satisfechos con el trabajo, acéptalo sin más, pero al menos inténtalo.

# CASO DE ÉXITO: Jean Saldaña

Alumna del Programa Formativo Imperio Freelance
www.jeansaldana.com
Diseñadora web para coaches de desarrollo personal

**¿Qué te motivó a hacer cambios en tu negocio y a implementar una estrategia de marketing?**

Quería pasar de trabajar de forma presencial para empresas a llevar mi negocio online de forma totalmente remota a cualquier lugar donde decidiera trabajar, eligiendo a mis propios clientes y además involucrándome en proyectos en proyectos en los que realmente creo que pueden generar un impacto positivo en otras personas.

**¿Cuánto tiempo tardaste en implementar los cambios propuestos en *Imperio Freelance*?**

Casi dos años. Ha sido un proceso que ha ido desde cambiar mi mentalidad hasta implementar todas las estrategias aprendidas durante el curso.

**¿Qué resultados has obtenido gracias a estos cambios en tu negocio?**

Desde que tomé decisiones en mi negocio he visto un cambio radical. Pasé de esperar clientes del boca a boca local a atraer clientes de cualquier parte del mundo, y además clientes que valoran mi trabajo y están alineados con mis valores personales. También cambié mi proceso de trabajo para hacerlo más eficaz aceptando menos proyectos para dedicarles mayor tiempo de calidad en vez de aceptar mil y un proyectos por los que además cobraba poco.

**¿De qué manera *Imperio Freelance* ha cambiado tu negocio o tu vida?**

*Imperio Freelance* me ha dado las bases necesarias para desarrollar un negocio sólido con el que paulatinamente he ido saliendo del caótico mundo de ofrecer servicios a todo el mundo y de todo lo que me iban pidiendo los clientes a diferenciarme de la competencia ofreciendo servicios específicos que me permiten rentabilizar mi negocio.

**¿Cuál ha sido la mayor sorpresa o el mayor impacto durante todo el proceso?**

La mayor sorpresa que me he llevado durante este proceso ha sido el haberme dado la oportunidad de vivir experiencias que antes no creía posibles, como dar mi primera conferencia frente a más de 100 personas hablando de un tema que me apasiona, tener el gusto de conocer y colaborar con personas extraordinarias que comparten mi filosofía de vida, y por supuesto, tener clientes internacionales que valoran mi trabajo.

CAPÍTULO 6

# ESTRATEGIAS DE MARKETING

# Cómo captar clientes a través de tu web

### ¿Por qué una web con un blog es la mejor opción para captar clientes?

El error que cometen muchas personas es pensar que el proceso de compra comienza cuando el cliente tiene listo un briefing de lo que necesita llevar a cabo y se pone a pedir presupuestos.

Esa parte viene bastante después y todo comienza primero con el descubrimiento de que el cliente tiene un problema y se pone a investigar posibles soluciones. Por eso, con una buena estrategia de marketing de contenidos lo que hacemos es acompañar al posible cliente desde la primera fase del ciclo de compra, ofreciendo contenidos que le ayudan a solucionar sus problemas cuando está investigando posibles soluciones. Empezar desde la primera fase del ciclo en el mundo online es clave para tener un mayor alcance y ganar visibilidad para que te tengan en cuenta en su decisión de compra.

La mayoría de freelancers no hacen ninguna acción o estrategia comercial o de marketing para captar clientes desde la primera fase del ciclo, sino que o bien esperan a recibir directamente solicitudes de presupuesto desde su web y por el boca a boca, o buscan proyectos en marketplaces freelance y cuelgan su portafolio en diferentes plataformas online.

Por otro lado, he visto casos de freelancers que se pasean por locales o empresas a ofrecer sus servicios a puerta fría o buzonean con flyers sin ton ni son.

Para un freelance con un negocio unipersonal (o un equipo de dos personas) la venta directa a puerta fría ya no se puede valorar como una opción comercial para captar clientes porque requiere de mucho tiempo, esfuerzo y dinero. Además, se trata de una venta muy agresiva en la que intentamos cazar clientes que puede que no necesiten nuestros servicios en ese momento, con lo que entramos desde una posición en la que la necesidad la tenemos nosotros y no ellos, lo que afecta negativamente en la percepción del cliente sobre nuestro negocio.

Por otro lado, tener una web con tus servicios y portafolio es una herramienta obligatoria y clave hoy en día dentro de cualquier negocio para poder tener un escaparate global que no ponga límites a tu área de actuación y te permita llegar a clientes potenciales de cualquier parte del mundo sin tener que limitar tus opciones sólo a nivel local.

Además, gracias a un buen posicionamiento en buscadores (SEO), tu web aparecerá entre los resultados de búsqueda cuando un usuario busque un freelance en Google. Pero esto no es suficiente porque de poco nos sirve tener una web en los primeros puestos sin una estrategia de captación de emails como base porque un cliente potencial no va a contratar tus servicios la primera vez que entre a tu web y menos si hablamos de servicios de importe más elevado.

Por este mismo motivo, invertir en publicidad directa de pago como AdWords o Facebook para enviar los clicks a tu página de servicios también es una mala idea y un gasto más que una inversión dentro de nuestra estrategia de captación.

¿Y qué es lo que yo propongo?

Teniendo en cuenta todo lo que acabo de comentar, es absolutamente necesario convertir esa primera visita a tu web en suscriptor de nuestra lista de correo para poder crear una relación con el cliente potencial a través del email.

Primero tendrás que ajustar tu web a tu mensaje y propuesta de valor con una estructura adecuada, creando una página de venta para cada servicio que ofrezcas y con sus paquetes de precios, optimizarla hacia la captación de emails y obtener visibilidad y autoridad mostrando tus conocimientos en la materia gracias a un blog.

En el capítulo anterior ya te he hablado del marketing de contenidos junto con el modelo AIDA para atraer a los clientes en lugar de salir a cazarlos y, aunque se trata de una estrategia de venta más lenta y que requiere de tiempo, constancia y disciplina, si tenemos un negocio freelance online es la opción más efectiva, recomendada y barata para captar clientes que deseen trabajar contigo, paguen lo que tú establezcas y después recomienden tu trabajo.

El marketing de contenidos es la técnica que combina la creación y difusión de información de valor enfocada a resolver los problemas de nuestro cliente ideal para llamar la atención de los usuarios y convertirlos en clientes potenciales.

Los beneficios directos de tener unos contenidos de calidad en nuestro blog son:

- Mejorar la reputación en el sector

- Reforzar nuestra marca personal

- Posicionarnos como expertos en nuestra materia y nicho

- Ganar visibilidad frente a la competencia

- Tener tarifas más elevadas

- Crear relaciones más estrechas y de confianza con tu audiencia

- Tener una mayor tasa de conversión de presupuestos a ventas

- Tener un mejor posicionamiento en Google
- Formarse y crecer profesionalmente en nuestra disciplina

Además de crear artículos en nuestro blog es necesario tener un calendario editorial y una frecuencia de publicación regular. No podemos escribir una semana diez artículos porque estamos super inspirados y la siguiente ninguno porque tenemos mucha carga de trabajo.

Pensarás que crear contenidos para tu nicho en relación a tu disciplina es cosa de un experto y tú no tienes nada que decir porque hace siglos que no redactas nada. No te preocupes, yo empecé así y al principio no sabía ni lo que escribir hasta que empecé a hacer las cosas planificadas y formándome en la materia. De hecho, ahora me gusta mucho escribir en el blog.

No tienes que inventar la rueda, lo importante es investigar y documentarse mucho sobre tu sector y nicho, encontrar buenas fuentes de inspiración que te den ideas y hacer una curación de contenidos para poder desarrollar tus artículos desde tu perspectiva o experiencia con todo lo que aprendas y filtres. Esto hará también que te obligues a estar al día y aprendas cada vez más cosas sobre tu especialidad y mejores cada vez más la calidad de tus servicios.

Ojo, cuando hablo de inspirarse nunca hablo de copiar ni de traducir otros artículos del inglés, eso no te servirá de nada y además está penalizado por el buscador. Queremos crear contenido propio de valor para nuestro nicho con unos fundamentos, pero nunca copiando a otros.

Por otro lado, tenemos que encontrar nuestra voz y no intentar imitar a nadie. Hay que ser cercanos y mostrarse tal y como somos para trasladar nuestra personalidad a nuestros artículos y secciones de nuestra web. Queremos que nuestro público nos vea como un amigo o un asesor de confianza y generar empatía con nuestra historia. Nada de hablar en primera persona del plural como si fueras un equipo ni de dirigirte a todo el mundo. Hablarás siempre de tú a tú, pensando en que hablas a tu cliente ideal. Si eres un equipo de dos personas lo mejor es que en los artículos del blog firme una sola persona y que os turnéis para escribir para hablar siempre de tú a tú. En las secciones de la web podréis hablar como equipo, en este caso es una excepción.

## Cómo captar suscriptores para nuestra lista de correo

Además de tener las secciones de la web bien redactadas y estructuradas y una estrategia de contenidos en el blog bien definida para atraer visitas, es necesario retenerlas. La mejor manera de retener una visita es solicitando al lector que nos deje su email para después poder enviarle nuestro contenido cada semana.

Para ello, podemos añadir cajas de suscripción en varias zonas estratégicas de la web y así captar los emails de lectores interesados en tus publicaciones que más adelante se puedan convertir en clientes.

Para animar a que los lectores se suscriban a mi lista ofrezco varios regalos de bienvenida: un e-book, un minicurso gratis por email y acceso a mi librería de recursos.

Estos regalos son lo que se conoce como lead magnet o imán de clientes potenciales y es un factor clave a la hora de construir una lista de correo potente y de calidad.

Por eso, tienes que ofrecer un regalo orientado a ayudar a tu cliente ideal en su problema principal relacionado con tus servicios a cambio de que te dejen su email. Es como cuando en una tienda te regalan una muestra gratuita para que pruebes y conozcas lo que venden.

Y es que normalmente poca gente se suscribe a una lista de correo así porque sí. Además, de esta forma, estamos haciendo un filtro y cualificación de emails para captar a los clientes potenciales correctos.

Los beneficios de tener un lead magnet en tu web son claros:

- Hace que aumente más rápido tu lista de correo
- Ofrece mucho valor gratis a tu cliente potencial
- Te posiciona como experto en tu disciplina y nicho
- Genera interés y deseo en tus contenidos
- Aumenta tu visibilidad
- Crea un primer contacto más cercano con tu negocio
- Inicia la fase de ventas

Nunca compres una base de datos ni adquieras la de un tercero, aunque sea gratuita. No te servirá de nada. Queremos crear una lista de correo desde cero y que quien te deje su email sea alguien que ha llegado a tu web y voluntariamente ha decidido apuntarse a tu newsletter porque le interesa recibir tu regalo de bienvenida y las publicaciones semanales que realices en tu blog.

**Cómo hacer tu lead magnet**

Un lead magnet no tiene por qué ser demasiado complejo o extenso así que no te preocupes porque no tendrás que redactar un libro de 300 páginas ni te tendrá que llevar demasiado tiempo diseñarlo.

Lo que tienes que tener muy claro es que tu imán debe cumplir con una función: ayudar de verdad a tu cliente ideal a resolver un problema super específico aportando mucho valor con una solución muy concreta que pueda poner en práctica recibiendo un beneficio a corto plazo.

Además, tiene que tener una promesa atractiva para que el usuario que llegue a tu web tenga interés en apuntarse a tu lista y adquirir el regalo.

Algunos ejemplos de lead magnet pueden ser:

- Una pequeña guía
- Un checklist o plantilla
- Un ebook con hoja de trabajo
- Un minicurso por email o un video training
- Acceso a una librería de recursos
- Listado de herramientas
- Listado de secretos o de errores y consejos

Tienes varios ejemplos aquí:

- Javier Gobea de Hormigasenlanube.com que se dedica a la creación y mantenimiento técnico de WordPress regala un ebook con 15 herramientas para tener un blog optimizado para negocios unipersonales en la nube: hormigasenlanube.com/gratis-para-ti/
- Valentina Musumeci, diseñadora gráfica freelance, regala en su blog un lote de fotografías para incluir en cualquier blog de manualidades: valentinamusumeci.com/blog/

- Maider Tomasena, copywriter web, regala un e-book con 15 secretos de Copywritting para fascinar al cliente de tus sueños: www.maidertomasena.com/5-aspectos-los-deberias-invertir-mejorar-imagen-marca-2016/
- Samu Parra, creativo freelance, regala un ebook llamado *Cómo conseguir que tu marca no pase desapercibida*: www.samuparra.com/
- Estibaliz López, diseñadora gráfica freelance, regala un ebook llamado *10 claves para diseñar un gran logo*: estibalizlopez.com/
- Arturo García, diseñador web freelance, regala tres guías diferentes: *42 cosas que debes saber antes de crear tu web, Los 100 mejores plugins para WordPress y 50 herramientas para llevar tu blog a los más alto* www.arturogarcia.com/guias-gratuitas/.

Algunos de estos ejemplos se podrían mejorar siendo más específicos con el cliente ideal al que se dirigen y el beneficio que se espera conseguir tras leer el ebook, pero son un buen ejemplo para mostrarte que no necesitamos crear un gran recurso súper extenso que tardemos siglos en desarrollar. Además, con un solo regalo es suficiente, no tienes por qué empezar ofreciendo tres cosas gratis.

Por ejemplo:

- Si eres diseñador de tiendas online para el sector de la hostelería puedes regalar un ebook que se llame *10 plugins de Woocommerce para mejorar la conversión en tu tienda Gourmet*.

- Si eres diseñador especializado en diseño corporativo para el sector de la medicina alternativa puedes regalar una guía que se llame *Guía definitiva para crear una ima-*

*gen de marca que te diferencie del resto de profesionales de la medicina alternativa.*

- En mi caso, uno de mis regalos fue un ebook con mis *10 errores como diseñadora freelance y consejos para evitarlos*. No me llevó mucho tiempo redactarlo (una o dos tardes) y doy soluciones directas para intentar corregir errores desde ya. Además, va dirigido a un nicho muy concreto y es relevante para ellos porque quieren evolucionar para tener un negocio rentable.

Así que intenta crear un lead magnet específico, de mucho valor para tu audiencia e inclúyelo como descarga en el email de bienvenida de tu newsletter.

## Dónde mostrar el lead magnet

Es importante que crees una página en tu web dedicada en exclusiva a presentar tu lead magnet y un formulario de suscripción. Además, puedes añadir un pop up que aparezca en la pantalla cuando un usuario llegue a tu web o salga de ella. Puedes crear la página y maquetarla de manera manual en tu web y añadir algún plugin de pop up o puedes hacer las dos cosas con la herramienta de pago Leadpages de manera muy sencilla y que es la que yo utilizo para crear la mayoría de mis landings y popups.

Aparte de todo esto, es importante que incluyas una caja de suscripción en tu home, en las páginas interiores como «sobre mí» o portafolio, en el sidebar de tu blog, en una barra en la parte superior de la web y al final de cada post que escribas con una llamada a descargar el regalo. Para hacerlo puedes utilizar también la herramienta Thrive Themes para WordPress.

A partir de ahora, esta página con el lead magnet es la más importante y la que tienes que promocionar de toda tu web. Será el link que añadas en tu firma cuando escribas en otro blog como invitado, por ejemplo. Si tienes presupuesto para publicidad, en este caso sí puede ser interesante hacer una pequeña campaña en Facebook, por ejemplo, para promocionar la página con el regalo si estás empezando y quieres que la lista vaya más rápido todavía (aunque no es necesario).

Como ves, es muy diferente hacer un anuncio para vender una web o un servicio de diseño gráfico, como comentaba al principio, que hacer un anuncio para regalar un ebook (o lo que decidas regalar) y captar emails que serán tu activo más preciado. El objetivo es completamente diferente y no será un gasto, ya que aumentará tu base de datos de clientes potenciales.

Pero como digo, no es absolutamente necesario invertir en publicidad porque hay otras maneras de dar a conocer nuestra web como vamos a ver a continuación.

### Cómo dar visibilidad a tu web gratis

Para poder dar visibilidad a tu web existen diversas técnicas con diferente complejidad y alcance.

Una de las opciones más básicas tiene como base las redes sociales. Por un lado, se trata de compartir tus artículos en las redes, grupos y foros donde crees que estará tu cliente ideal; y, por otro lado, tendremos que generar buen contenido que anime a ser compartido. Los formatos de post que se suelen compartir con más frecuencia suelen ser las entrevistas a personas relevantes del nicho, los listados de recursos gratuitos, los recopilatorios de artículos de otros blogs, recopilatorio de casos de éxito y round up post (artículo con una serie de minientrevistas a referentes). Este tipo de contenido lleva bastante trabajo detrás, pero si te los curras bien pueden tener mucha viralidad.

Por otro lado, para que tu web aparezca en Google cuando alguien busque contenido relacionado con tu temática tu contenido tiene que estar optimizado para SEO. Tener un blog ayuda mucho a este posicionamiento natural en Google, pero es importante que prestes atención a ciertos detalles cuando redactes en tu web como pueden ser los títulos y url de tu post, el title y description que aparecerán en el listado de búsqueda, la optimización de las imágenes que publiques o la estructura del contenido de los posts.

Si nunca has oído hablar de SEO, lo mejor es que te introduzcas en la materia para conocer los detalles mínimos que debes cumplir, pero sin obsesionarte.

Siguiendo con las estrategias para tener visibilidad, sin duda, la opción más eficaz y que más tráfico y suscriptores te puede generar es el guest posting. Es decir, escribir artículos como invitado en otros blogs que tengan mucha visibilidad en el mercado y sean muy relevantes para tu nicho.

Si consigues participar en un blog referente donde se encuentra tu cliente ideal, atraerás a sus seguidores a tu blog y además tu reputación mejorará.

De esta manera, aunque acabes de empezar con tu blog y tengas sólo unos pocos artículos publicados, estarás aumentando las visitas y suscripciones desde el principio y cada vez que escribas un artículo nuevo podrás hacérselo llegar por email.

Es imprescindible que estudies primero el blog donde quieres escribir como invitado para ver qué temas relacionados con tu disciplina tienen más éxito, encontrar algo sobre lo que no se haya escrito y que puede ser de mucho interés para su audiencia. Además, es importante que también participes escribiendo algún comentario que añada valor a uno o varios de los posts del blog donde quieres participar para tener un primer contacto.

Cuando redactes este post no te olvides de añadir en la caja de autor una descripción o bio tuya con unas líneas donde aparezca tu propuesta de valor y el regalo que hacer con un link a la página de tu lead magnet.

Yo suelo firmar así: «Laura López es Diseñadora Gráfica/Web y emprendedora digital que comparte consejos demostrados para diseñadores freelance que quieren elegir a sus clientes. Si quieres evolucionar en tu negocio como freelance apúntate a su minicurso gratuito *Cobra lo que te mereces*».

Por supuesto, tienes que escribir este artículo con contenido muy bueno o de lo contrario lo rechazarán.

Por otro lado, es importante que, tanto en los artículos como invitado, como en tu propio blog contestes siempre a todos los comentarios de los lectores e intervengas en la conversación.

Y, por último, es mejor escribir en diferentes blogs y no repetir post siempre en el mismo porque te ayudará a ampliar la audiencia.

## Cómo encontrar clientes en tu entorno cercano

Las recomendaciones suelen ser un pilar fundamental dentro de nuestro negocio porque si un cliente contento nos recomienda a un colega del sector, no hay mejor comercial que ese. Nuestros clientes actuales pueden ser nuestros mejores prescriptores como ya comenté en la sesión anterior.

Si conseguimos fidelizarles con un buen servicio y posteriormente regalándoles contenidos muy buenos, recursos gratuitos o recomendándole lecturas complementarias tendremos clientes contentos dispuestos a hablar bien de nosotros a sus colegas de profesión.

Y eso es lo que más nos interesa, conseguir más clientes dentro de nuestro nicho elegido.

Normalmente suele ser un acto espontáneo cuando un cliente se topa con un colega que le pregunta por su nueva web o que le pide referencias porque necesita hacer algo de diseño. Pero en lugar de esperar a que esto suceda la mejor manera de acelerar el proceso es pedirle una recomendación a tu cliente directamente por email.

Esto sólo lo podemos hacer con clientes buenos y después de haberle pedido el testimonio y feedback siendo estos positivos.

Habrá veces que no te enteres si te recomienda algún cliente o colega, pero si sabes que ha sido así siempre es bueno tener algún pequeño detalle con él (ya sea un cheque regalo, un pequeño diseño gratis o un descuento en la siguiente compra, por ejemplo).

Si vendes tus servicios online con una plataforma de pago como SendOwl, puedes crear enlaces de afiliación; y si alguien te recomienda a través de su enlace de afiliado, entonces se lleva una comisión sobre el importe final. Esto lo puedes valorar para ofrecer a clientes de mucha confianza con quien tengas muy buen feeling.

### Cómo contactar con clientes antiguos

Mantener las relaciones con antiguos clientes también es esencial porque puede que hace tiempo que trabajaron contigo y sin embargo, no saben que estás en activo o ahora tu negocio es diferente. Por eso también es bueno retomar el contacto para que conozcan tus nuevos servicios y saber si les puedes ayudar en algo o conocen a alguien que necesite tu ayuda.

La mejor opción para mí es enviar un email explicando lo que estás haciendo ahora junto con un enlace a tu web y el regalo de bienvenida para que le eche un vistazo y que sepa que estás ahí de una manera más sutil; y, en todo caso, si más adelante necesitan algo de ti ya saben lo que ofreces.

Puedes dar un paso más y proponerle una breve charla por Skype y hablar más en detalle en qué le podrías ayudar con tu nuevo planteamiento.

Y como última opción, y la más agresiva, si hay confianza podrías analizar su web o su imagen visual (dependiendo de a lo que tú te dediques) y si detectas un problema grave que les puede estar pasando factura en las ventas o en la captación de clientes (como que tenga la web en flash, no sea responsive o su imagen no les haga justicia), puedes animarle a tener una reunión para pasarle una propuesta.

Esta última opción es la más agresiva porque estás intentando cazar en lugar de atraer, pero la incluyo como alternativa porque dependiendo del tipo de cliente igual puede ser útil.

De todas formas, mi recomendación es la primera.

## Cómo hacer networking

El networking se basa en crear una red de contactos y cultivar buenas relaciones para tu negocio donde todos ganen. Los objetivos, a grandes rasgos, serían los siguientes:

- Conseguir clientes que compren tus servicios
- Contratar proveedores de confianza
- Rodearse de expertos o mentores que te ayuden a avanzar
- Encontrar colegas de profesión a quien recomendar y que te recomienden
- Crear una red de colaboradores con otros profesionales de tu sector

Existen muchas formas de hacer networking para conocer a otros profesionales y que de esa manera te puedan tener en cuenta si en algún momento necesitan tu ayuda: desde los tradicionales en eventos, charlas, quedadas, ferias, etc.; hasta las redes sociales, foros, blogs, cafés virtuales o email.

Por supuesto, el primer objetivo para cualquier freelance es conseguir clientes, y una de la manera más humana de hacerlo es entablando relaciones personales tanto offline como online.

Si vas a un evento presencial es importante mantener el contacto después con las personas con las que hubo feeling y que podrían convertirse más adelante en clientes o colaboradores. Para que no te quedes en el olvido lo mejor es seguir a la persona en redes sociales y, si es posible, enviarle un email uno o dos días después haciendo referencia a vuestra charla y animarle a que visite tu web o que descargue tu regalo de bienvenida. Por eso es mucho más importante pedir y quedarnos con las tarjetas de las personas que más nos interesen más que sacar nuestra tarjeta a la mínima de cambio. Hablo de tarjetas, aunque dependiendo del evento o situación se puede sustituir por redes sociales, Twitter, LinkedIn, etc.

También es esencial establecer vínculos y buenas relaciones con otros freelancers de tu especialidad. La competencia no es el enemigo. Es bueno poder contar con alguien que conoce tu profesión para poder hablar, pasarle trabajo si te piden un presupuesto que no va con tus objetivos, consultar dudas y ofrecer tu apoyo a la otra persona cuando lo necesita. Así que cuando asistas a un curso, un taller o una formación, intenta hacer amistades entre los alumnos también. Además, investiga tu sector y contacta directamente con colegas para que te conozcan y podáis empezar a tener una relación.

Yo tengo buenas relaciones con diseñadores a los que he recomendado muchas veces cuando tenía picos de trabajo o me pedían algo que no era lo mío y sabía que el otro diseñador le podía dar un buen servicio. Y siempre lo he hecho sin pedir nada a cambio. Yo no creo en las relaciones comerciales del tipo «me das una comisión si te recomiendo o si te traigo un cliente nuevo».

A mí esto es algo que me sale de forma natural y tengo buenas relaciones con bastantes profesionales dentro del diseño, del marketing o del blogging y siempre estoy dispuesta a echar un cable. Pero si esto es algo que te cuesta, tienes que mentalizarte, salir de tu burbuja y empezar a relacionarte con otros profesionales.

También podemos establecer contacto con personas que admiremos o a las que seguimos la pista en internet porque nos gusta lo que hacen o son influyentes en el sector para que nos conozcan y poder empezar a mantener una conversación. Esto lo llamo «networking a puerta fría» y para ello podemos ponernos en contacto directamente a través del email que consigamos en su web.

### Cómo crear una red de colaboradores

Quiero avisar de antemano que en todo momento voy a hablar desde mi experiencia y punto de vista (como siempre, vamos). Esto lo digo porque soy consciente de que lo que cuento puede generar polémica porque sé que hay mucha gente trabajando de la forma que NO recomiendo trabajar con colaboradores o freelancers.

Seguro que a más de uno le va bien con esa fórmula, y no lo dudo, pero hasta la fecha para mí sólo tiene inconvenientes. De hecho, uno de mis lectores ya hizo el cambio de estrategia y dejó de trabajar así, puedes leerlo aquí: www.lauralofer.com/disenador-freelance-agencia-error/.

Y si hablo de esto es porque sigo investigando para encontrar la mejor manera de colaborar con otros freelancers sin acabar quemada por el camino.

Yo misma he subcontratado servicios de otros freelancers en algún momento para ofrecer un servicio más completo, también he trabajado como parte de la bolsa de freelancers de agencias que ofrecían servicios que luego ellos me derivaban (y simplemente hacían de intermediarios y de project managers), pero también he visto de cerca el problema de querer ser una agencia con servicios integrales que dependen de freelancers cuando la agencia la forman una o dos personas a lo sumo y no tienen realmente equipo contratado a su cargo para llevar a cabo los servicios sin subcontratar a externos.

**Cómo NO te recomiendo que trabajes con colaboradores**

1. Aparentando ser una agencia con equipo cuando tu negocio es unipersonal o sois dos personas.
2. Trabajando con servicios integrales (que incluyen partes de trabajo que tú no sabes hacer) a medida de las necesidades del cliente.

3. Subcontratando a otros freelancers las partes que te piden y tú no controlas.

Ejemplo: en tu web pones que eres una agencia y tienes un equipo multidisciplinar que realiza proyectos de todo tipo, desde la creación de webs, tiendas online, marketing, SEO, etc. No tienes los servicios definidos, sino que según lo que necesita cada cliente le haces un presupuesto a medida. Para realizar el presupuesto identificas las partes que puedes hacer tú y las que tienes que subcontratar, y te pones en contacto con tus colaboradores freelance para que te pasen presupuestos sobre lo que les comentes. Con todos los presupuestos delante creas uno con todas las condiciones tuyas y de tus colaboradores, y le pasas una cifra a tu cliente. Si el cliente quiere negociar o necesita que le expliques alguna cláusula, proceso de trabajo o parte de un servicio, no depende solo de tu parte de trabajo, sino de la de los otros freelancers. Después te encargas de liderar el trabajo y de comunicarte con cada freelance para que haga su parte, dependiendo de su disponibilidad. Si falla algo del servicio, la responsabilidad es tuya. Si el cliente necesita algún cambio, dependes de las condiciones de tus colaboradores y de cobrar ese extra al cliente, extra que tú no puedes negociar porque no es tu servicio.

**¿Por qué no recomiendo subcontratar a otros freelancers para dar un servicio más completo?**

- No tienes el control y dominio de tus servicios ni del flujo de trabajo.
- Dependes de la disponibilidad del freelance.
- Dependes de cómo ofrece su servicio y lo que incluye en él.

- Respondes por sus fallos.
- No dominas su servicio y no puedes solucionar dudas o problemas con tus clientes.
- Se alargan las negociaciones.
- Se alargan los plazos de entrega.
- Tienes que consultar con él cuando un cliente tiene alguna duda sobre el servicio o sobre el trabajo que ha realizado.
- Dependes de sus precios y no puedes negociar con el cliente sobre las condiciones del otro freelance.

## Cómo SÍ te recomiendo que trabajes con colaboradore siendo freelance

Especializándote en una disciplina y no siendo una navaja suiza.

Estandarizando tus servicios con un catálogo pequeño con servicios paquetizados muy bien definidos basados en tu disciplina y sin que dependan partes del proceso de los servicios de otros.

Delegando partes de tu negocio que te roban tiempo que puedes dedicar a conseguir y trabajar con más clientes (asistente virtual, asesoría para tema fiscal y contabilidad, soporte técnico de tu web, campañas en Facebook Ads, programador para tu web…).

Externalizando partes más mecánicas de tu servicio para poder abarcar más proyectos.

Creando una red de colaboradores de diferentes disciplinas a quien recomendar cuando un cliente necesite otros servicios que tú no ofreces.

Contratando a un equipo multidisciplinar real a tu cargo cuando el negocio empiece a crecer.

La gran diferencia con lo que NO recomiendo es que al tener estandarizado tu servicio lo dominas de principio a fin y no dependes de terceros para llevarlo a cabo, sino que delegas partes más mecánicas para que te ocupen menos tiempo y puedas abarcar más proyectos.

## ¿Por qué recomiendo estandarizar tus servicios, externalizar partes de éstos y crear una red de colaboradores freelance a quien recomendar?

Creando servicios paquetizados que dominas podrás externalizar parte o todo el proceso de tu servicio paquetizado para asumir más proyectos y si te falla un colaborador tendrás la capacidad de hacerlo tú.

Controlas lo que ofreces en tu servicio y también el flujo de trabajo y proceso creativo.

En trabajos creativos puedes encargarte de desarrollar las ideas y que la parte más operativa la haga un colaborador por un precio prefijado.

En trabajos técnicos puedes delegar determinados procesos o todo el proceso a un colaborador cuando tienes picos de trabajo.

Recomendando a otros profesionales para completar fases del proyecto que tú no ofreces (copys, fotógrafos, mantenimiento técnico, community manager, programador, consultor de marketing...) te permitirá ayudar a tus clientes recomendando a profesionales de confianza y tus colegas te lo agradecerán y te recomendarán también a sus clientes.

## Cuándo deberías contratar a un equipo

Cuando tienes bien definidas las bases de tu negocio, tu posicionamiento en el mercado, tu marketing y empiezas a tener mucha carga de trabajo quizás sea momento de crecer contratando a un equipo.

Puedes contratar diseñadores que te ayuden con las tareas más operativas y tú encargarte del trabajo más creativo (como comentaba arriba) o puedes empezar a ampliar tus servicios con profesionales que los complementen y crear un equipo multidisciplinar.

Cuando hablo de crear equipo me refiero a que trabajen mano a mano contigo. No hablo de subcontratar a freelancers y depender de ellos para dar servicios a medida para cada cliente que te llega.

Puedes contratar y delegar tareas que no tengan que ver con tus servicios, sino con tu negocio. Por ejemplo yo tengo contratada una asesoría contable y fiscal, a Javier Gobea como técnico que me lleva todo el tema técnico de mis webs, los anuncios de Facebook que me hace mi hermana Maite, los videos de mis cursos y lanzamientos, apoyo también de Javi Pastor en el copy de mis páginas de venta y campañas de email, etc.

## Otras fórmulas para colaborar con otros profesionales y mejorar así tus servicios productizados

- Puedes incorporar a tus servicios una sesión de consultoría gratuita de un colaborador externo para que analice su caso y le ofrezca su servicio complementario al tuyo. Esto lo he visto hacer a una consultora de marketing que regalaba a los clientes que le contrataban su servicio de plan de marketing una sesión gratuita con una diseñadora de su confianza para detectar sus necesidades de diseño y después, si el cliente quiere, la diseñadora le pasa un presupuesto para que ella les rehaga su web. No te puedo poner el ejemplo enlazado porque ha cambiado el enfoque de su negocio y ya no ofrece este servicio. Pero creo que es una buena manera de completar su servicio de marketing y la diseñadora tiene la oportunidad de conseguir a un nuevo cliente.

- Puedes regalar material formativo complementario de un colaborador externo: un ebook, un tutorial, etc.
- Tener una red de colaboradores también te permite recomendar a otros profesionales tras terminar tu servicio. Por ejemplo, si diseñas webs en WordPress, puedes llegar a un acuerdo con un técnico especializado en WordPress para que ofrecer su soporte de servicio técnico y pasarle el cliente. Así tu cliente estará bien atendido y tú no te comerás «marrones» técnicos que no te corresponde asumir.

Dentro de tu red de contactos, es importante establecer buenas relaciones con otros profesionales freelance de tu sector a quienes derivar al cliente cuando tenga que cubrir ciertas necesidades que tú no ofrezcas.

Por ejemplo, para un diseñador especializado en identidad visual puede ser interesante tener entre sus contactos una imprenta, un diseñador web o un creador de videos corporativos al que recomendar para ampliar determinados proyectos.

En el caso de un diseñador web sería lo mismo; podría ser interesante tener en su red a un fotógrafo, un copy, un programador, un proveedor de hosting o un técnico de mantenimiento web. Digo uno, pero pueden ser varios por si te falla alguno o no está disponible.

En cualquiera de los casos, siendo freelance siempre es bueno rodearse de colaboradores y colegas de confianza a quienes recomendar porque será bueno tanto para el cliente, como para el colaborador y también para ti porque probablemente también te recomendarán cuando surja la posibilidad.

Cuando hablo de crear una red de colaboradores no hablo de ir donde cualquier persona a intentar hacer negocios. Creo que es importante hacer colaboraciones con gente de confianza de quien conozcas su trabajo y que él también conozca bien el tuyo para recomendar con plena seguridad.

Lo más natural es crear relaciones en las que todos ganan y no hace falta tener comisiones de por medio.

Para crear esta red de colaboradores lo mejor es que empieces a buscar buenos profesionales que creas que pueden complementar tu trabajo porque ves que trabajan bien. Puedes empezar dejando comentarios en sus blogs, suscribiéndote a su newsletter para seguir sus comunicaciones o seguirles en redes sociales para conocer un poco mejor su trabajo y su forma de ser.

Para establecer contacto con alguien que lleves tiempo siguiendo y te guste cómo trabaja (o al menos lo que muestra con su presencia online) deberás presentarte y explicarle que si sale algo de lo suyo dentro de un proyecto en el que estés metido le recomendarás. De esta manera eres tú quien inicia el contacto para recomendar su trabajo desinteresadamente y es mucho más natural y sencillo que hacerlo al revés.

## Marketplaces freelance y otras opciones de captación de clientes

Un marketplace freelance es un portal online donde las empresas publican ofertas de trabajo con proyectos para freelancers y los profesionales les hacen llegar su propuesta detallada desde su perfil dentro de la plataforma.

Es decir, el cliente se encuentra en una fase del proceso de compra bastante avanzada y de todas las opciones que ha investigado previamente para solucionar su problema, ha decidido acudir a este tipo de plataformas. Probablemente ha acabado ahí porque otras opciones del mercado no les convencían o eran más caras. Y es que, la percepción del cliente sobre este tipo de plataformas es que va a encontrar mano de obra barata porque la competencia es altísima y los freelancers bajan sus precios para cazar proyectos. Desde luego, esta es mi opinión y percepción personal después de haber probado diferentes marketplaces, aunque también tengo que decir, que sin haber hecho una estrategia en ninguna de ellas y sin un largo recorrido para poder ganar reputación.

Sé que hay profesionales que utilizan los marketplaces como fuente principal de nuevos proyectos y que hay casos de éxito de freelancers que tienen un buen sueldo gracias a esto. Pero por lo general, los proyectos de este tipo de plataformas suelen ser de bajo presupuesto. Y nosotros, como ya sabes, queremos enfocarnos en el valor entregado y poder llegar a un tipo de cliente que valore nuestro trabajo por la calidad de éste y los beneficios y soluciones que aportamos, más que por tener un precio competitivo.

Algunos ejemplos de marketplaces freelance son: Freelancer, Workana, Twago, Infojobs Freelance o Upwork.

Después de haber probado varias de estas plataformas como freelance, he podido comprobar que el proceso que se sigue no tiene mucho que ver con el método que estoy enseñando en este libro.

Por lo general, cuando entramos en un proyecto publicado por una empresa, podemos ver el briefing (que suele ser escaso) y directamente tenemos un formulario para hacer llegar nuestra propuesta con un precio total por cada fase del proyecto. Es decir, no tenemos datos sobre la empresa y tampoco podemos saber el alcance del proyecto.

Por tanto, no podemos llevar a cabo una fase de cualificación por email ni tener una reunión previa cara a cara para que el cliente nos conozca, poder conocer bien los detalles del proyecto y los problemas de fondo, hacer un presupuesto a medida ni podemos hacer llegar por tanto un presupuesto con tres opciones de precios y con una mejor solución para el cliente.

El resultado de todo esto será trabajar para clientes que nos traten como proveedores ejecutores a un precio bajo.

A diferencia de las plataformas freelance que ya he mencionado, existe una variante en la que son los profesionales los que ofrecen sus servicios en formato de minijobs low cost. Hablo de Fiverr o Geniuzz.

Si bien las anteriores plataformas mencionadas se perciben como de profesionales de mano de obra barata, en Fiverr y Geniuzz directamente es el mensaje que se quiere transmitir ofreciendo «trabajos profesionales a partir de 5 €».

**Puntos a favor:**

La gran ventaja de este sistema es que, en principio, tienes una garantía de que cobrarás y estás respaldado por la plataforma ante cualquier disputa o problema con el cliente.

Además, toda la transacción se realiza dentro de la plataforma y permite recibir feedback y valoraciones del cliente sobre el trabajo realizado para poder tener una prueba social de cara a otros clientes potenciales.

Por otro lado, la barrera de entrada se supone que es baja y no necesitas tener una gran presencia en este tipo de plataformas para conseguir tus primeros proyectos. Eso sí, tendrás que tirar precios para entrar y no serán clientes buenos de inicio, pero te permitirán tener una primera toma de contacto con la plataforma y unas primeras opiniones en tu perfil.

Por eso creo que este tipo de webs puede ser un buen punto de partida cuando uno está empezando como freelance o cuando quiere posicionarse en un nuevo nicho de mercado (como es nuestro caso) y necesita crear proyectos nuevos para ampliar o crear su portfolio.

## Por qué no deberías participar en plataformas de concursos

Este verano también quise investigar sobre las plataformas de concursos de diseño y me registré en 99designs. Se trata de una web que funciona a través de crowdsourcing. En esta plataforma, la empresa publica un concurso de diseño (logo, web o lo que sea) con un premio monetario y empieza a recibir propuestas de los usuarios durante los días que dura la fase de presentación de diseños.

Durante el tiempo este periodo, los diseñadores que se apuntan van enviando propuestas en abierto o en privado (dependiendo de la modalidad elegida por el cliente) y además reciben feedback del usuario para hacer mejoras en sus diseños y subir más opciones diferentes. Es decir, no te limitas a diseñar y subir un único diseño y esperar a ver si resultas ganador, sino que durante el proceso tienes que seguir trabajando y adaptando tu trabajo a las necesidades y cambios que propone el cliente para que al final no sea el diseño ganador.

Además, si el cliente no está conforme con ninguna propuesta puede dejar el concurso desierto, con lo que puede que alguien utilice tus ideas para cualquier otro diseño y tú ni te enteres.

Los defensores de este sistema dicen que es una buena forma de empezar a realizar trabajos y generar portfolio, con la ventaja de que puedes aprender de las demás personas con las que compites, además de la posibilidad de ganar el premio. Además, en muchos casos la calidad de los trabajos es pésima así que, si eres bueno en lo tuyo, tienes muchas posibilidades de ser elegido.

La verdad es que yo también he participado en algún concurso de diseño cuando comencé en este mundillo, pero tras la experiencia siempre he estado en contra de los concursos de diseño, tanto online como offline.

Creo que nuestro trabajo no es un hobby y este tipo de prácticas devalúan mucho nuestra profesión y hay que cobrar desde el inicio del proceso creativo con la generación de las ideas y no sólo si el resultado es el deseado.

También tengo que decir que me parece bien que existan diferentes formatos y plataformas en internet que puedan cubrir las necesidades de diseño que pueden tener distintos tipos de clientes.

Está claro que no todo el mundo quiere o puede permitirse un logo de 400 € y, por eso, me parece bien que existan plataformas low cost donde se canalicen este tipo de clientes.

Por otro lado, nosotros estamos siguiendo una estrategia de negocio diferente precisamente para captar a otro tipo de clientes, clientes buenos que realmente valoran y necesitan el trabajo de un profesional como el nuestro.

En resumen, no tenemos que tener tampoco miedo a este tipo de sistemas porque no nos hacen daño ya que no es nuestro público objetivo; y, por otro lado, no nos interesa perder el tiempo en esto teniendo en cuenta que podemos aprovecharlo en acciones más efectivas como marketing de contenidos en nuestro blog y networking.

## ¿Deberías trabajar gratis?

Para terminar, quiero hablar brevemente del trabajo gratuito. A muchos de los alumnos les preocupa especializarse en un nicho en el que no han trabajado nunca porque al no tener portafolio no pueden mostrar el trabajo que pueden hacer para posibles clientes en esa área.

**Proyectos gratis**

En este caso es interesante hacer algún trabajo gratis (no más de tres proyectos) para un negocio de nuestro nicho que realmente nos pueda parecer interesante para el portafolio y con quien tengamos ganas de trabajar porque nos puede abrir otras puertas y nos gusta el proyecto. Es decir, tienes que buscar tú el proyecto en el que trabajar gratis y no que sea un proyecto en el que te animen a trabajar por la cara porque el posible cliente no tiene presupuesto y te promete futuras recompensas o participar como socio en la empresa (esto también me lo han llegado a proponer en una conversación telefónica sin conocer a la otra persona). Aunque no te pagan tienes un beneficio que tú has buscado: crear portafolio y el testimonio de un cliente.

## Trueques e intercambios de servicios

Además, también existe la opción de llegar a otro tipo de acuerdos no económicos en el que las dos partes ganen, como puede ser el intercambio de servicios.

Selecciona muy bien los proyectos en los que vas a trabajar gratis y crea un presupuesto con todas las condiciones como si fuese un proyecto de pago, pero con el 100 % de descuento. De esta forma podrás acotar bien tu trabajo y además el cliente sabrá el valor de éste.

Si no pones limitaciones ni lo haces de manera profesional como si fuese un proyecto de pago, corres el riesgo de convertirte en el diseñador gratuito sin fecha fin.

## Servicio de diagnóstico gratuito

Por otro lado, también puede ser interesante ofrecer un servicio de diagnóstico gratuito a tus clientes potenciales para que te cuenten en una breve charla por Skype lo que necesitan y les expliques los servicios que ofreces y cuál les puede ayudar más.

No hablo de regalar una auditoría web o consultoría gratuita, hablo de tener una charla con el cliente por Skype para conocer sus necesidades y poder recomendarle uno de tus servicios o presupuesto a medida. Es decir, es lo mismo que tener la primera reunión con un cliente potencial que ya expliqué en la sesión de cualificación, pero mostrándolo de una manera más atractiva.

De hecho, puedes mostrar también el diagnóstico gratuito como parte de tu proceso de trabajo dentro de la página de venta de tus servicios con presupuesto a medida en lugar de llamarlo «reunión previa» para aportar más valor a tu servicio.

En este artículo de mi blog te explico un poco más sobre esta estrategia: www.lauralofer.com/sesion-diagnostico-gratuito-freelance/.

CAPÍTULO 7:

# VIDA MÁS ALLÁ DEL FREELANCING

## Qué hacer para no depender únicamente de diseñar para clientes

Desde que emprendí como diseñadora freelance a jornada completa, mi idea siempre había sido encontrar la forma de generar ingresos que no dependieran solo de trabajar para clientes compaginando esos trabajos con algún proyecto propio que me generara ingresos recurrentes.

La incertidumbre de no saber si a corto, medio y largo plazo vas a conseguir proyectos de diseño es algo que estresa mucho y poner todos los huevos en una cesta conlleva un gran riesgo porque si pasas por una época de sequía de proyectos dejas de tener ingresos.

Por eso creo que es importante diversificar y encontrar otras líneas de negocio que no dependan únicamente de diseñar para clientes y que además te puedan ayudar a conseguir colateralmente nuevos proyectos de diseño.

Entonces la pregunta es: ¿Qué opciones tenemos que no dependan directamente de diseñar para clientes?

Teniendo en cuenta tus conocimientos y capacidades existen otros servicios profesionales que puedes incluir en tu cartera como freelance y que, además, amplíen tu rango de actuación cubriendo las diferentes necesidades de tus clientes potenciales y el público al que te diriges.

Por eso no deberías limitarte solo a ejecutar tu trabajo diseñando, sino que puedes realizar servicios de análisis y consultoría para empresas y negocios como auditorías, consultoría o mentoring. Además, también puedes ofrecer formación a empresas o profesionales sobre temáticas relacionadas con tu disciplina desde conceptos teóricos hasta software concreto. Se trata de innovar creando unos servicios que aporten más valor a tu oferta.

Vamos a profundizar un poco en cada uno de estos puntos:

## Por qué y cómo ofrecer un servicio premium de consultoría/mentoring

Dentro de una agencia de publicidad, estudio de diseño o departamento de marketing de una empresa existe la figura del director de arte, que se encarga de establecer las ideas y los criterios visuales con un enfoque estratégico teniendo en cuenta los objetivos de la empresa o proyecto en cuestión, y que luego se deberán ejecutar en un diseño final.

Lo mismo pasa en el diseño web: antes de desarrollar la web debe haber un proyecto desarrollado con una estrategia de marketing digital, unos objetivos, SEO, usabilidad o copy para que después el diseñador pueda llevar a cabo un trabajo con sentido y funcional. Si la empresa no tiene nada de esto hecho, quizás tú puedas orientarle y programar una serie de pasos previos, aconsejarle profesionales para cada fase o ayudarle a concretar las secciones necesarias de la web, estructura correcta o los elementos que deberían incluir para cumplir sus objetivos marcados.

La cuestión es que algunos posibles clientes llegarán a ti con todo el trabajo estratégico

desarrollado para que tú lo ejecutes con uno de tus servicios de diseño, pero seguramente una parte importante de pymes o emprendedores carecerán de este análisis estratégico previo (que es absolutamente esencial en cualquier servicio de diseño y de marketing) y necesitarán ayuda para después poder desarrollar un proyecto coherente.

Del mismo modo, habrá clientes que necesiten un director de arte o asesor creativo y que ya dispongan de diseñadores en su equipo que ejecuten después el proyecto y quieran externalizando en un consultor freelance. Este tipo de consultoría puedes incluirla como parte del proceso de tus servicios de diseño para asesorarle en los aspectos creativos como punto de partida (creando un moodboard, haciendo un estudio de marca, etc.), pero también puedes crear un servicio separado en el que ayudes de manera estratégica al cliente a definir ciertos aspectos de su marca o negocio para ayudarle a encontrar la mejor manera de crear un enfoque correcto antes de entrar en un servicio de ejecución, o para casos en los que ya cuente con un equipo para el desarrollo y sólo necesite a un director de arte.

Además, poder ofrecer unos servicios de tu especialidad desde un enfoque estratégico ayudará a tu posicionamiento como experto en la materia. Eso sí, no ofrezcas consultoría de un tema que no domines, tendrás que estar en formación continua para poder dar lo mejor de ti.

Los servicios de asesoramiento como pueden ser la dirección de arte, asesoría creativa o consultoría de marketing son un tipo de servicios más intangibles aún que los servicios de diseño, ya que en el segundo caso normalmente existe una materialización del trabajo en forma de proyecto entregado y, sin embargo, en la consultoría lo que vendemos son nuestros consejos (aunque estos consejos lleven a una acción por parte del cliente y esta acción a unos resultados).

El gran problema de la consultoría generalista de toda la vida es que se hace a medida en forma de reuniones presenciales adaptadas a las necesidades de cliente y tienes que preparar cada servicio de consultoría desde cero.

Por este mismo motivo es necesario desarrollar un servicio de consulting específico, acotado en tiempo (una hora, por ejemplo), organizado y paquetizado para que el valor aportado pueda ser más tangible y puedas replicar el servicio en diferentes clientes ayudando en un tema concreto.

Este formato es el que aplico en mi negocio gracias a los consejos de Franck Scipion de lifestylealcuadrado.com y que te explico a continuación.

El servicio será muy sencillo: el cliente comprará la/s hora/s de consultoría desde tu web, le harás llegar un formulario para que rellene con el contexto de su negocio, analizarás y prepararás la hora de consultoría para ayudarle con un tema específico y tendrás una sesión programada por Skype con él para solucionar sus dudas y dar ideas. Después de la sesión le harás llegar una hoja de ruta personalizada para que ponga todas las ideas en acción.

Dependiendo de tu especialidad, si lo ves útil y necesario para tu cliente ideal, puedes desarrollar un servicio de consultoría más largo y amplio en forma de programa de mentoring.

Se trata de un servicio de acompañamiento estratégico en el que, tras analizar el caso concreto y una breve reunión previa, desarrollas un plan de trabajo a medida para profundizar cada semana o cada 15 días durante la sesión de una hora en un periodo de tiempo determinado.

Tendrías que establecer muy bien una serie de aspectos y objetivos en los que puedes ayudarles a tus clientes potenciales y crear una página de venta específica donde desarrolles muy bien cómo funciona el servicio. Puedes revisar mi página de mentoring a modo de ejemplo: www.lauralofer.com/mentoring.

### Cómo crear un servicio paquetizado de auditoría

Como estrategia de marketing tradicional muchos negocios

ofrecen muestras de sus productos, revisiones o una primera consulta gratuita para atraer clientes a su local u oficina.

También hay agencias de marketing que ofrecen auditoría de presencia online, de redes sociales, de branding o de web gratuita para después ofrecer unos servicios de pago. Es decir, intentan aportar valor gratis para que el cliente potencial les conozca y establecer así un primer contacto.

En nuestro caso ya aportamos mucho valor con nuestra estrategia de marketing de contenidos en el blog y el imán gratuito para conseguir atraer a tus clientes potenciales y equivalente a las muestras o la consulta gratuita.

Por eso, no te conviene hacer auditorías personalizadas gratis para mostrar tu potencial porque esa parte ya la tienes cubierta y si empiezas a tener visibilidad gratis te llenarías de carga de trabajo gratuito.

Por todo esto puedes ofrecer dentro de tu oferta un servicio de auditoría de pago y al igual que en el caso del de consultoría, delimitarlo a un tema súper específico para poder dar otro servicio concreto con un precio fijo.

## Cómo empezar a ofrecer formación y charlas

Adentrarte en el mundo de la formación es un acierto porque te permite experimentar facetas diferentes, llegar a más clientes potenciales y reforzar tu posicionamiento de marca.

Puedes elegir el formato que mejor vaya con tu negocio desde clases presenciales para dar formación a empresas in situ como clases por Skype a distancia, charlas y talleres en centros formativos, ponencias en eventos o webinars en directo.

De esta forma puedes formar a otros profesionales sobre tu especialidad y potenciar también tu posicionamiento como experto en la materia.

La mejor manera de empezar es incluyendo dentro de los servicios de tu web la formación para que otras empresas o centros formativos te puedan solicitar como formador dentro de algún curso/taller específico que impartan.

Estarás de acuerdo en que el diseño no es sólo saber utilizar Photoshop así que puedes centrarte en formar sobre teoría y diseño estratégico o impartir clases sobre un programa o herramienta específico.

Por ejemplo, Marina Goñi, diseñadora gráfica de mi municipio (Getxo), está especializada en estrategia de marca e identidad corporativa e imparte cursos y talleres a emprendedores y negocios sobre branding.

Pero si nos vamos a la parte práctica y te dedicas al diseño web puedes dar clases de WordPress básicas a clientes que quieren aprender a actualizar su blog o a hacer pequeños cambios en su web, por ejemplo.

También puedes ofrecer dar alguna pequeña charla gratuita sobre un tema concreto de tu especialidad en algún centro formativo, centro de coworking o centro de negocios donde puedan estar tus clientes potenciales para darte a conocer y ganar visibilidad.

Puedes ofrecerte como formador en empresas o centros formativos que tienen ya un catálogo de cursos diseñados para empresas y particulares o puedes encontrar una empresa que necesite formadores sin intermediarios para formar a sus trabajadores.

He preparado una plantilla de email para que puedas ofrecerte como formador externo en centros formativos.

# Cómo tener ingresos pasivos que no dependan de tu presencia

## Qué son los ingresos pasivos

Cuando tus ingresos dependen de tu presencia, es decir, vendes tu tiempo tanto diseñando como dando consultoría o formación, tienes tus ingresos totalmente limitados y condicionados por las horas que trabajas y si no estás presente (por vacaciones, imprevistos y demás) no tienes ingresos.

El problema de esto es que más que tener un negocio, tienes un autoempleo y estás limitando el éxito de tu negocio a tu presencia física en él y a tus horas facturables. Sí podrás aumentar tus ingresos, será de una manera muy lenta subiendo poco a poco tus tarifas, pero dependerás continuamente de vender tu tiempo y sin proyectos y clientes no habrá beneficios.

Por eso es importante compaginar estos servicios que dependen de tu tiempo con los ingresos que no requieran de tu presencia para poder empezar a construir un negocio escalable y tener ingresos, aunque te vayas de vacaciones.

Un negocio escalable es un negocio que escala, es decir, que los beneficios no van a depender de tu presencia ni van a ser proporcionales al coste que lleve crearlos, sino que tendrás que hacer un esfuerzo inicial para crearlo y luego poner tu foco en estrategias para llegar a más y más clientes con un crecimiento que no estará limitado a tu tiempo de dedicación y presencia.

Hay profesionales que a esto lo llaman «ingresos pasivos», aunque te puedo decir por experiencia que de «pasivo» tienen poco ya que necesitan una estrategia y dedicación importante para la creación y difusión de los mismos.

## Qué es el marketing de afiliación

El marketing de afiliación es una buena manera de generar ingresos extra sin necesidad de invertir mucho tiempo recomendando productos, servicios, infoproductos o cursos de otros negocios a cambio de una comisión. De esta forma, la empresa consigue captar un nuevo cliente sin hacer demasiado esfuerzo para su captación (sólo el de la comisión) y la persona que ha comprado el producto está contento porque le has ahorrado tiempo para encontrar lo que necesitaba y posibles problemas al equivocarse con su elección.

Existen multitud de plataformas, negocios y blogueros con programas de afiliación para que les ayudes a difundir lo que ofrecen dentro de tus lectores o con una campaña a tu lista de correo.

Uno de los programas de afiliación más famoso y utilizado entre bloggers es el de Amazon ya que tiene un catálogo inmenso de productos que pueden encajar a la perfección dentro de casi cualquier temática.

Sólo tienes que darte de alta en su plataforma afiliados.amazon.es y copiar el enlace del producto que quieras recomendar e incluirlo en tu artículo. Si alguien pincha en tu enlace y compra algún producto de Amazon, entonces recibirás una comisión en tu cuenta. Amazon es una manera de adentrarte en el mundo del marketing de afiliación como afiliado, aunque las comisiones son bajitas.

Pero existen otras maneras de recomendar productos o servicios más relevantes para tu nicho. Puedes recomendar los servicios de tus proveedores, recursos o herramientas online que utilizas en tu trabajo a diario.

Para poner un ejemplo práctico: si te dedicas al diseño web puedes recomendar a tus lectores o clientes utilizar tu proveedor de hosting o tu banco de imágenes de stock. De esta manera, recomiendas un proveedor de confianza y que tú mismo utilizas y le ayudas a la otra persona a elegir una opción fiable.

También muchos bloggers y profesionales hacen campañas de lanzamiento de sus productos, servicios o cursos apoyándose en una red de afiliados que les ayuden a llegar a más gente durante el lanzamiento con comisiones más elevadas.

Por ejemplo, yo vendo mi guía *La tarifa justa* y tengo una red de afiliados bloggers que la promocionan entre su audiencia y de esta forma las tres partes implicadas ganamos: los compradores porque solucionan sus problemas con un producto recomendado, mi afiliado porque se lleva una comisión y yo porque capto un nuevo cliente y consigo llegar a más gente sin tener que hacer una gran inversión ya que sólo pago por resultados y ventas.

También puedes recomendar cursos online relacionados con tu nicho de plataformas como:

- udemy.com
- tutellus.com
- tareasplus.com
- www.floqq.com

El problema de esto es que hay diferentes maneras de hacer marketing de afiliación y nosotros lo queremos hacer bien, no queremos meter enlaces con calzador dentro de nuestros artículos de productos que nunca hemos usado para intentar llenar el bolsillo.

Por eso es importante tener varias cosas en cuenta a la hora de realizar una estrategia de marketing de afiliación:

- Recomienda sólo productos y servicios que de verdad puedan ayudar a tu nicho.
- Incluye enlaces sólo cuando sean relevantes en el tema que estás tratando en tu blog.
- No recomiendes artículos o servicios que no utilices, tienes que tener una credibilidad.
- Recomienda lo que realmente te parezca recomendable y muestra claramente por qué te parece una buena opción y los beneficios que te ha aportado a ti.
- No te pases con los enlaces de afiliación en tus artículos ni con las campañas de email recomendado comprar productos o servicios de terceros.
- No pongas banners en la web con anuncios de afiliados.

El marketing de afiliación no es milagroso ni es un método fácil para ganar dinero como lo pueden pintar en muchos sitios en internet, pero si lo haces bien y de una manera honesta puedes tener una fuente de ingresos recurrente complementaria.

Por el lado del anunciante, si vendes infoproductos o cursos online, es bueno tener tu propia red de afiliados de confianza seleccionando bien los bloggers que tengan una audiencia que encaje con lo que vendes y proponiéndoles unirse a tu red para que te apoyen en el lanzamiento de tu producto al mercado para llegar a más gente. No es fácil crear esta red y muchos pasarán de tu propuesta, así que tendrás que intentar ganarte a cada afiliado poco a poco haciendo networking para que te conozcan mejor.

## Cómo puedes ganar dinero extra vendiendo productos e infoproductos

Una de las maneras más interesantes para obtener ingresos extra que no dependan de tu presencia es producir tus propios recursos, infoproductos o cursos y venderlos después en tu propia web.

La producción de estos materiales y un sistema para su venta requerirá bastante esfuerzo, pero sólo tendrás que crearlos una vez. Una vez completada la fase de producción todas las ventas serán más automáticas y tendrás que centrarte en estrategias para poder llegar a más personas que quieran comprar lo que ofreces.

Voy a repasar qué podrías crear para vender después en tu web o en plataformas destinadas a ello de mayor a menor nivel de esfuerzo a la hora de producir cada formato:

### Recursos gráficos

Puedes reutilizar diseños que hayas creado para otros proyectos y que no se hayan utilizado finalmente para ponerlos a la venta en plataformas de recursos gráficos. Algunas ideas de recursos: plantillas y acciones para Photoshop, fotografías, texturas, iconos, logotipos, plantillas para WordPress o Blogger, plugins, pinceles para Photoshop, vectores, tipografías…

Después puedes venderlo en tu propia web o en plataformas como:

- Graphicriver
- Graphic Leftovers
- Creative Market
- Freepik

- Canva
- Fotolia
- Istockphoto
- Shutterstock
- Myfonts
- Brandcrowd

**Venta de productos físicos bajo demanda (camisetas, tazas, láminas, tarjetas…)**

Si eres diseñador seguro que en algún momento de tu carrera pasó por tu cabeza diseñar camisetas y venderlas. Existen plataformas como Society6, Threadless o Estampable en las que subes tu diseño y ellos se encargan de imprimirlo en el soporte o artículo elegido y enviarlo por ti.

Otro gran conocido entre los diseñadores es DeviantArt: se trata de una comunidad donde los artistas exhiben y promueven su trabajo. Las obras se venden como impresiones y en forma de regalos como tazas, calendarios o tarjetas de felicitación.

Aunque tenemos a Mr. Wonderful como ejemplo de triunfo con este modelo de negocio, para mí es una de las maneras más difíciles de generar ingresos extra.

**Venta de infoproductos**

Los llamados infoproductos son productos formativos basados en los conocimientos y la experiencia de su creador. Volveríamos a tratar el tema de la formación, pero con la diferencia de que al distribuir por internet un infoproducto para un nicho muy concreto, tienes más opciones de llegar a más gente interesada y al no ser una formación presencial o a distancia por Skype sino que es 100 % digital, no requiere de tu presencia y el propio comprador tendrá que llevar a cabo una serie de ejercicios para desarrollar por su cuenta.

Yo tengo a la venta una guía llamada *La tarifa justa (para un trabajo de diseño)* que consta de e-book, audio, hojas de trabajo y algún extra. Después tengo creado un sistema de autorespondedores en Mailchimp que me permite automatizar la venta con una estrategia de email marketing basada en el modelo AIDA que ya vimos en la sección de las fases del ciclo de venta. Piensa qué puede ser útil para tu nicho y desarrolla contenido que solucione algún problema en concreto. También puedes crear tutoriales y venderlos en tu propia web o en webs como Envato Tuts+.

También puedes vender infoproductos en otras plataformas como Etsy o Dawanda: son dos plataformas para venta de artesanías y productos hechos a mano, pero puedes vender también productos creativos digitales en pdf como láminas decorativas, paper toys, diseños para mesas dulces o calendarios.

**Temas o plantillas de WordPress**

Puedes desarrollar tus propios temas premium y venderlos en tu plataforma o en Themeforest y/o Studiopress (Genesis).

Ejemplos de diseñadores que lo hacen en su negocio:

- manuelvicedo.com
- thepixelista.com
- vivalaviolette.com
- silocreativo.com

## Cursos de diseño online

Puedes crear cursos online, programas o píldoras formativas en tu propia plataforma como han hecho los chicos de HodeiDesign o puedes registrarte en plataformas como Udemy o Tutellus donde publicar tus cursos y venderlos.

Puedes vender una serie de clases con webinars en directo y materiales complementarios para varios alumnos a la vez y grabar la sesión por si alguien compra y no puede asistir como en el caso de la edición beta de Imperio Freelance.

Después con estos materiales puedes crear una edición oficial con vídeos profesionales grabados que no requieran de tu presencia.

## Desarrollar un proyecto propio (side project)

Puedes empezar un side project y compaginarlo con tus trabajos para clientes. Muchos diseñadores que ahora tienen un negocio de éxito empezaron como freelancers vendiendo sus servicios a clientes.

El ejemplo más claro es el de Mr. Wonderful que empezaron como un pequeño estudio de diseño con un equipo de dos personas y ahora es una marca internacional con un equipo de más de 50 integrantes vendiendo sus diseños impresos en multitud de formatos (cuadernos, agendas, tazas, paraguas...).

Sería interesante crear alguna pequeña herramienta o utilidad que ayude a la comunidad que resuelva un problema específico y que no requiera después de un mantenimiento excesivo. Un ejemplo de esto es mi aplicación Calculadora Freelance, aunque en mi caso se trata de un proyecto sin ánimo de lucro. Gracias a la repercusión que tuvo me dio mucha visibilidad.

De este gran listado lo mejor será que empieces con una primera experiencia con el infoproducto que te parezca más fácil de crear y que te puede dar mejores resultados: un ebook con una guía práctica.

Hazte un planning, fórmate en venta de infoproductos y organízate. No puedes pretender vender el que más si sólo creas la guía y esperas que se venda sola.

Cada opción que acabo de repasar necesitará de una estrategia concreta y tendrás que profundizar en cada caso para saber cómo conseguir más ventas. Intenta enfocarte y no dispersarte probando solo una opción a la vez.

**Pros y contras de vender tus trabajos en plataformas de recursos de diseño**

Las plataformas de venta del grupo Envato como GraphicRiver, ThemeForest y CodeCanyon son de las más conocidas. Albergan una comunidad de diseñadores y usuarios super extensa. Puedes vender todo tipo de diseños: logos, fuentes, plantillas, texturas o vectores, pero tienen sus ventajas e inconvenientes.

Las ventajas de vender en este tipo de plataformas son:

- Tienen la plataforma de distribución y venta ya creada y tú sólo tienes que subir los archivos.
- Su comunidad de usuarios es enorme, global y dispuesta a comprar.
- Si te especializas en diseños para un nicho muy concreto también puedes llegar a un público no cubierto si das con la clave porque la cantidad de compradores es muy extensa.

- Si vendes el archivo de manera exclusiva en una plataforma de Envato la comisión que se llevan es menor.

- Aunque, por otro lado, también tienen una serie de desventajas:

- No te suelen permitir personalizar la página de ventas con tu propia marca para diferenciarte del resto de diseñadores.

- El nivel de calidad que exigen en los archivos subidos es muy alta y puede que rechacen tus diseños si no cumples con sus normas al dedillo.

- La comisión por vender en este tipo de plataformas es bastante alta (50-70 % sobre la venta) y si hablamos de recursos con precios bajos, la ganancia es mínima y tendrás que vender mucho para que de verdad te compense el esfuerzo de crear los recursos.

- La competencia es muy alta porque hay una comunidad de diseñadores muy potente y de una calidad impecable.

Por eso, desde mi punto de vista, es mejor utilizar un servicio de distribución de archivos como SendOwl con una comisión mensual que se ocupan del pago, almacenamiento de archivos y descargas y tú haces el resto: crear una estrategia con una página de ventas desde tu web.

Además, de forma paralela puedes publicar también el recurso en Envato de manera no exclusiva, aunque te lleves menos comisión porque no te cobrarán por tener la cuenta abierta, así que no pierdes nada por intentarlo ahí también.

# CASO DE ÉXITO: Roberto Garrido

Alumno del Programa Formativo Imperio Freelance
www.robertogarrido.com
Desarrollador iOS para startups tecnológicas

**¿Qué te motivó a hacer cambios en tu negocio y a implementar una estrategia de marketing?**

Hace unos meses era un programador generalista haciendo tanto juegos, como apps para Android e iOS o simulaciones 3D. No tenía foco, y tenía que presupuestar desde cero cualquier cosa que me pedía un cliente, con todo el tiempo que esto conlleva… Además, mi única fuente de clientes e ingresos era un portal de freelancing online, y nadie fuera de la plataforma me conocía (ni siquiera localmente). Dicha plataforma se llevaba una comisión y tenía el control sobre el proceso de venta. Además, los clientes me buscaban sobre todo por precio/hora, y no por el valor que yo podría aportar a sus negocios.

**¿Cuánto tiempo tardaste en implementar los cambios propuestos en *Imperio Freelance*?**

Terminé Imperio Freelance en verano de 2016, y hasta enero de 2017 no empecé a implementar los cambios en mi web y mi negocio. Y en menos de seis meses ya estaba dando charlas y saliendo en la radio. Principalmente debido a que tenía mucho trabajo con clientes y también porque me costó elegir una especialización.

**¿Qué resultados has obtenido gracias a estos cambios en tu negocio?**

A nivel técnico, he conseguido ser mejor programador al hiperespecializarme en desarrollo de apps para iOS. El tiempo de autoformación lo dedico exclusivamente a progresar en este campo, cuando antes tenía que repartirlo entre android, iOS, simulación, etc. Me siento más autorizado a dar charlas y participar en mesas redondas relacionadas con tecnologías de mi nicho, y esto me está dando más visibilidad, sobre todo a nivel local. El valor que añado a los proyectos de mis clientes también ha aumentado, lo cual me ha permitido subir mis tarifas, incluidas las que aplicaba a clientes habituales. Poco a poco voy creando una red de colaboradores que tienen un perfil complementario al mío (Diseño UI/UX, backend, marketing, negocio), y juntos podemos añadir aún más valor a los servicios que ofrecemos a nuestros clientes. Tengo un formulario de cualificación y un servicio de diagnóstico inicial con mis clientes que me permite conocer más de cerca sus problemas, y también descartar aquellas colaboraciones que me preveo me van a dar dolores de cabeza. El cliente percibe seriedad y confianza en mi proceso de trabajo y éste es uno de los motivos por los que me empiezan a contactar, y no únicamente por mi precio/hora.

**¿De qué manera *Imperio Freelance* ha cambiado tu negocio o tu vida?**

*Imperio Freelance* me hizo saltar al vacío e implementar nuevas técnicas para tomar las riendas y el control de mi negocio. Asumir la hiperespecialización en iOS me dio mucho vértigo al principio, pero el tiempo me está demostrando que el planteamiento del curso es correcto y que me da resultados positivos. Sólo recibo propuestas de colaboración en proyectos de apps para iOS, lo cual me permite seguir centrado, en lugar de ir dando tumbos como antes. Envío ofertas a clientes con mucha mayor agilidad porque cada vez domino mejor mi especialidad, en lugar de enviar ofertas elaboradas desde cero para cada cliente. Mi entorno me reconoce como un programador de apps para iOS, y no como un freelance generalista como antes, que saltaba de proyecto en proyecto sin preocuparme por el negocio de mis clientes.

**¿Cuál ha sido la mayor sorpresa o el mayor impacto durante todo el proceso?**

Soy una persona que adora la tecnología en general y, por lo tanto, especializarme ha sido muy duro. Aún así, ha sido sorprendente como, después de haberlo pasado tan mal en el proceso de especialización, ahora todo encaja y empieza a cobrar sentido. Mi mayor preocupación no es si habré elegido mal o bien, sino cómo puedo seguir avanzando con mi negocio ofreciendo productos que se ajusten a las necesidades de mis clientes.

# CAPÍTULO 8:

# AHORA TE TOCA PASAR A LA ACCIÓN

## Es tu turno para convertirte en un diseñador freelantástico

Después de leer este libro tienes todo lo necesario para transformar tu negocio y poder elegir con quien trabajar cobrando lo que te mereces de una vez por todas. Si sigues todos los pasos que te he mostrado, tendrás un negocio rentable y llegarás muy lejos. ¡Te lo garantizo!

He publicado Imperio Freelance porque quería compartir con nuestro colectivo de creativos el proceso para ser un freelance con un negocio rentable y que te haga feliz sin cometer todos los errores que yo cometí por el camino. Por eso, te animo a seguir el planning y la estrategia que ha ayudado ya a muchos freelance para que se valore su trabajo.

Ahora el siguiente paso lo tienes que dar tú. La clave es ACTUAR y comenzar este camino que te va a llevar a una vida con menos estrés (y menos mala leche).

Por eso, haz un pacto hoy contigo mismo y decide ya que vas a ser proactivo con tu negocio y que vas a ponerte en marcha de verdad para cambiar las cosas.

Si yo he conseguido ganar visibilidad online ayudando a otros y ofreciendo servicios que resuelven problemas, tú también puedes.

Si Elena Altuna, consiguió duplicar sus precios y trabajar con referentes de su nicho durante el primer año estando especializada, tú también puedes.

Si Eloy Ortega ha ganado seguridad, confianza y motivación tras aplicar las estrategias de *Imperio Freelance* en su negocio, tú también puedes.

Si Eva Bernabé ha ganado visibilidad y ha atraído con éxito a sus primeros clientes de calidad en menos de tres meses, tú también puedes.

Si Jean Saldaña ha dado su primera ponencia en un congreso para más de 100 personas después de establecer la estrategia de Imperio Freelance, tú también puedes.

Si Kristina Pacesayte se ha librado de una vez por todas de clientes tóxicos, tú también puedes.

Si Marta Bernal ha conseguido conciliar (de verdad) su negocio con su familia e hijos, tú también puedes.

Si Roberto Garrido ha logrado en menos de seis meses dar charlas y salir en la radio como referente en su nicho, tú también puedes.

Si Victoria Lloret empezó a notar cambios importantes tres meses después de aplicar la estrategia —nuevos clientes en varias partes del mundo, precios coherentes y no tener que dar explicaciones de por qué sus servicios valen lo que valen— tú también puedes.

No te lo niego: va a ser un trabajo duro. Pero trabajo bien enfocado en la dirección correcta. Quizás tengas que dedicar más tiempo al principio para conseguir tus objetivos. Todo dependerá de lo rápido o lento que tú quieras avanzar. No se trata de una carrera de velocidad, es mejor ir poco a poco, pero siendo constante implementando los nuevos procesos y estrategias en tu negocio.

Puede que tengas días en los que el trabajo para clientes te sobrepase mientras además intentas implementar las mejoras propuestas. Pero sabes que este sobreesfuerzo será recompensado y que será una fase temporal. Recuerda: a medio/largo plazo nuestra meta es poder ser más libres, trabajar menos horas, pero facturando más.

He creado este libro porque quiero ayudar a nuestro colectivo y tener un impacto positivo en sus negocios para que nosotros mismos logremos que el diseño y los servicios creativos sean mejor valorados.

Además, en 2015 lancé mi programa formativo online de *Imperio Freelance* para ayudar más en profundidad a que los diseñadores y creativos freelance tomen conciencia hacia el cambio y que sepan que con una buena estrategia, aunque estamos en un sector muy saturado de profesionales, es posible vivir de nuestra pasión-profesión. Y ahora estoy orgullosa de haber ayudado a cambiar la vida de muchos profesionales de diferentes partes del mundo.

Has adquirido este libro por una razón y te llamó la atención por un motivo. Quizás estas hasta las narices de clientes tóxicos o incluso de clientes morosos. Quizás necesitas dar un giro a todo porque no tienes apenas clientes o al contrario, estás saturado de trabajo pero no te salen las cuentas porque has llegado a tu tope de horas y tu facturación no crece. Sea por el motivo que sea, es hora de que cojas las riendas de tu negocio y de tu vida.

Es hora de pasar a la acción y comenzar a trabajar en un cambio a mejor.

Aunque en este libro tienes todo lo necesario para transformar tu negocio como freelance, puede que estés buscando por algo más de ayuda. Por eso, te animo a que revises mi programa formativo online de *Imperio Freelance*. Te prometo que será la mejor inversión que hayas hecho en tu negocio.

En el programa tendrás información en profundidad, material de trabajo, plantillas de emails o de documentos, resolución de tus dudas por mi parte y un montón de bonus de expertos, para cada capítulo que has visto aquí y que era imposible incluir en un único libro.

Si estás decidido a hacer crecer tu negocio, este programa te ayudará a conseguirlo igual que les ayudó a mis queridos entrevistados del libro (y decenas de alumnos más).

Si te interesa el programa, cada año abro inscripciones una o dos veces precedidas de un training gratuito donde doy recursos para avanzar más rápido con la estrategia y te proporciono más información sobre el curso de pago.

Apúntate a la lista de espera aquí: www.imperiofreelance.com

Tanto si te apuntas al programa formativo como si no, ¡me encantará conocer tu caso de éxito tras implementar la estrategia!

Espero que me escribas cuando consigas tus primeros logros y me cuentes cómo han cambiado tu negocio y tu vida tras aplicar lo propuesto en este libro. Estoy en búsqueda continua de casos de éxito ¿serás el próximo entrevistado? ¡Ojalá!

Para enterarte de todo lo que publico y seguir en contacto conmigo, puedes encontrarme en www.lauralofer.com y en el grupo de Facebook *Diseñadores Freelantásticos*.

¡Espero que cumplas tus metas!

Laura López

# PETICIÓN URGENTE

¡Gracias por leer mi libro!

Te agradecería en el alma tu opinión y me encantaría escuchar lo que tienes que decir sobre mi libro.

Necesito tu crítica constructiva para que la siguiente versión sea mucho mejor.

Por favor, déjame una **opinión útil en Amazon** con tus impresiones sobre el libro. Ojalá que Imperio Freelance se merezca tus 5 estrellas.

¡Mil gracias!

- Laura López Fernández

# AGRADECIMIENTOS

A mis queridos alumnos del programa Imperio Freelance por compartir su historia para motivar al mundo:

Elena Altuna www.epaltuna.com

Eloy Ortega eloyortega.com

Eva Bernabé www.marketingenpersona.com

Jean Saldaña www.jeansaldana.com

Kristina Pacesaite www.pacesyte.com

Marta Bernal www.martabg.com

Roberto Garrido www.robertogarrido.com

Victoria Lloret www.victorialloret.com

Al curso de Chandler Bolt que me ha ayudado a lanzar este libro self-publishingschool.com

A mi editora Ana Sainz bookishstudios.com

A mi fotógrafa Marta Fresnillo masquemomentos.com

A Ana Nieto y su equipo de maquetación triunfacontulibro.com

A Julia De Las Heras, copywriter freelance en juliadelasheras.com

A mi grupo de lanzamiento que me han apoyado y ayudado para que este libro llegue a más creativos freelance:

| | |
|---|---|
| María Alcaraz - Maryenk | maryenk.com |
| Estíbaliz López | estibalizlopez.com |
| Pascual De Gómez | kaleak.es |
| Estefanía Carbonell | creativaon.com |
| Melania Cazorla Muñoz | melaniacazorla.com |
| David Perálvarez Fernández | silicodevalley.com |
| Mariola Peinado y Josemaría Gabaldón | thedigitalab.es |
| Dessireé Castillo | dessireecastillo.com |
| Gerardo Medrano | deskcreativo.com |
| Carles Gomila | carlesgomila.com |
| Caro chan | carochan.com |
| Aitziber Mínguez | aitziberminguez.com |
| Ricardo García Lumbreras | jedeje.es |
| Azahara | azaharaposv.com |
| Julia de las Heras | juliadelasheras.com |
| Vanesa García Barahona | vagarbar.com |
| Pablo Alonso | pabloalonso.es |
| Juan Ramos | sesanito.com |
| Lola LLopis Micó | behance.net/loladeaventuras |
| Paula Rivera Lamata | arquiknowmadas.com |
| Laura Montón Fernández | redheadsenseblog.com |
| Luis Pascual | luispascual.es |
| Luca Paltrinieri | luchacreativa.com |

| | |
|---|---|
| Samanta Lukesch | samantalukesch.com.ar |
| Virginia Martínez | capysblog.wordpress.com |
| Isabel García Ferro | garciaferro.es |
| Carme Llurià | carmelluria.com |
| Ana Sainz Hermoso | papelesenblanco.com |
| Emigdio Benavent Payá | emprenet.es |
| Beatriz de la Cruz Pinilla | deliriocolorista.com |
| Jorge González Revilla | jorgegonzalez.es |
| Olga Molina | olgamolinag.com |
| Iris Acosta Canseco | facebook.com/cjeriel |
| Laura Ruiz | caoscero.com |
| Ana Martìn | factoriaediciones.net |
| Elies Gonzalez | eliesgonzalez.com |
| Mireia Ripoll Bertomeu | elcalaixgroc.com |
| Ainara Vidal Aguilera | ainaravidal.com |
| Lúa Louro | lualouro.com |
| Josep Gonzàlez | josepgonzalez.cat |
| Esther Calvo Sodric | jadewebs.com |
| Valentín Fernández Romero | soyfotografoprofesional.com |
| Vicente García | webpres.xyz |
| Iris Álvarez Farell | domestika.org/es/irisia4/portfolio |
| Keiner Chará | keinerchara.com |
| Mëy Fonseca | facebook.com/elmundodeverymey |

| | |
|---|---|
| Jessica Juárez Gómez | facebook.com/YSIKDG |
| Ángela Pañeda SAnz | twitter/angysanz |
| Ainoa Espejo | aihopcoaching.com |
| Nicolás Gómez Espejo | linkedin.com/in/nicolas-gomez-espejo |
| María M. Rodrigo | kiwilemonandgrapes.com |
| Diana García Fernández | diaferdesign.com |
| Ana Karen Araujo Ruiz | annaraujo.com |
| Mireia Domènech | mireiadomenech.com |
| Miguel Guzmán | exito-personal.com |
| Isaac Clavero | instagram.com/98ic |
| Jaime Maldonado | facebook.com/bluehatlion |
| Claudia Gabriela Avalos López | facebook.com/gabryelavls |
| Héctor Montoya | creacioneshmc.es |
| Jorge Alberto Soto Valenzuela | linkedin.com/in/jorgesotovalenzuela |
| Caro Cuñé | carocune.com |
| Elena Maíllo Caballero | plan-ab.es |
| Luz del Carmen Casas Ibarra | Facebook: Lumiere Designer |
| Nicolás Pereira Alcalaya | nicolasjpereira.com |

Made in United States
Orlando, FL
04 December 2023